Couverture inférieure manquante

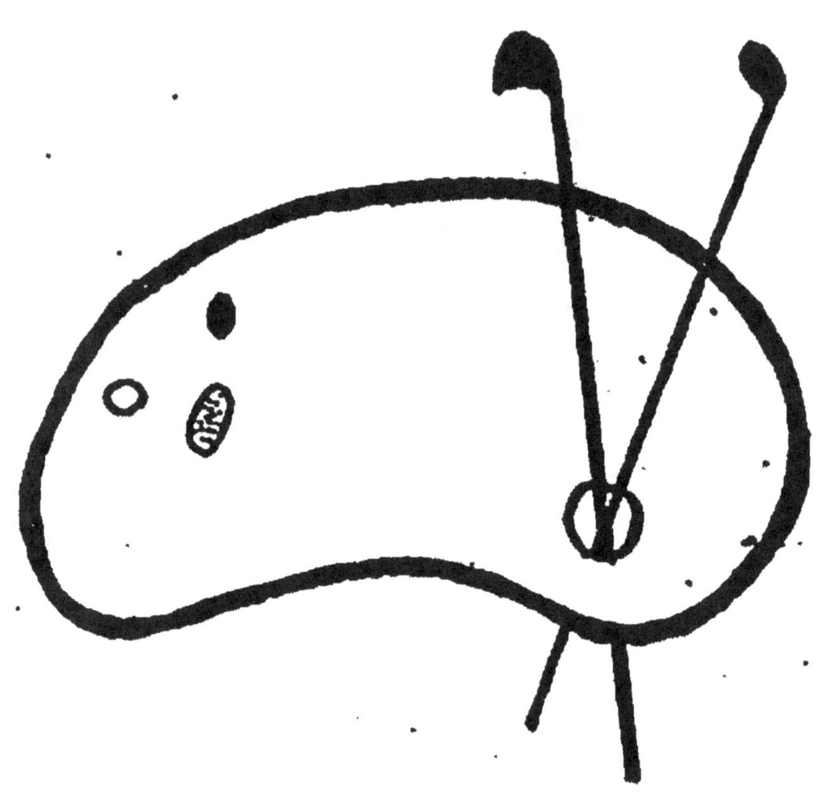

DEBUT D'UNE SERIE DE DOCUMENTS
EN COULEUR

LA
SOCIÉTÉ NOUVELLE

OU

les douze colonnes du nouvel édifice social

PAR

Un presque octogénaire

GONZALVE FRÉMIN

Ancien Maire de Montebourg

MONTEBOURG

TYPOGRAPHIE A. LE GRIFFON

1903

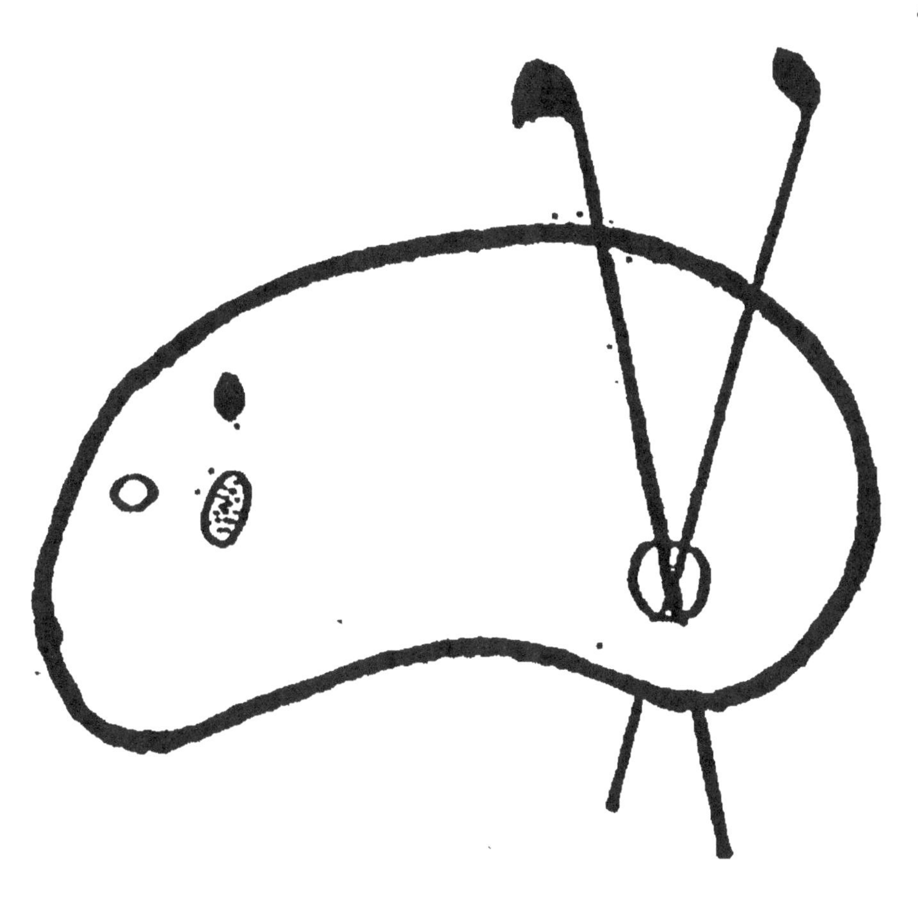

FIN D'UNE SERIE DE DOCUMENTS
EN COULEUR

LA
SOCIÉTÉ NOUVELLE

OU

les douze colonnes du nouvel édifice social

PAR

Un presque octogénaire

GONZALVE FRÉMIN

Ancien Maire de Montebourg

MONTEBOURG

TYPOGRAPHIE A. LE GRIFFON

DÉDICACE

—

Au couple qui n'est plus !
Aux époux Letaillis !
A mon beau-frère et ma sœur !
A mes deux insignes auxiliaires !

—

Couple béni, qui fut ma Providence,
Mânes sacrés, sœur et frère, ô grands cœurs,
Je vous dédie ici, d'une œuvre immense,
Ces extraits, seuls, des coups du sort vainqueurs.

AUX MANES D'UN HOMME DE BIEN

Le Docteur LETAILLIS

Maire de Beaumont-Hague

et Président du Conseil d'Arrondissement de Cherbourg

—

ADIEUX D'UN FRÈRE ET D'UN AMI

—

Pauvre docteur, l'homme bon, simple et juste,
Il n'est donc plus, la mort nous l'a ravi !
Les gens de bien perdent un type auguste,
Et leurs regrets l'attestent à l'envi.
Du feu sacré comme il avait la flamme,
Lorsque du peuple il parlait triomphant !
Il le portait, LETAILLIS, dans son âme.
Adieu ! du peuple, inséparable enfant !

Inséparable, oui, du peuple, aux entrailles
Duquel il reste accroché par le cœur ! !
Non, point de mort, non, point de funérailles
Dont un tel nœud ne demeure vainqueur !
Car dans l'amour du peuple il a sa tombe,
Et toujours là vivra qui l'aima tant.
Sur nos douleurs c'est un baume qui tombe.
Adieu ! du peuple inséparable enfant !

Haut il portait, le démocrate aimable,
Dont la bonté parfumait les propos,
Son fier drapeau, dans ses mains admirable,
Brillant d'honneur parmi tous les drapeaux.
Aux détracteurs du bon sens populaire,
Il souriait longtemps, puis s'échauffant,
En étalait la grandeur sans déplaire.
Adieu ! du peuple inséparable enfant !

Dans tous les rangs, riche en amis d'élite,
Il resta, lui, le plébéien sans fard,
A tous vantant la foule et son mérite,
La République et son noble étendard.
D'une grande ère il saluait l'aurore !
Paris, que vont des fous apostrophant.
Plus que jamais il y croyait encore.
Adieu ! du peuple inséparable enfant !

De dévouements, quel beau cours que sa vie,
D'où débordaient bienfaits et bons conseils !
Comme il vouait à tous, l'âme ravie,
Et sa science et ses soins sans pareils !
Les malheureux le pleurent comme un père,
De navrants maux dans leur cercle étouffant.
Son ombre encor leur sourira, j'espère,
Adieu ! du peuple inséparable enfant !

Il n'est donc plus, le voyant solitaire,
Qui, de ses monts, penché sur l'avenir,
Passait, rêvant au jour du prolétaire,
Jour de justice, et l'écoutait venir :
Puis, rayonnant comme un autre Moïse,
Disait : « En paix je mourrai maintenant :
« J'ai vu tout près la terre aux miens promise ! »
Adieu ! du peuple inséparable enfant !

1892

AUX MANES DE MA SŒUR

Veuve du Docteur LETAILLIS,

Infortunée à laquelle le malheur acharné ravit successivement un ange de petite fille de sept ans, dix ans après, un dernier enfant, un amour de petit garçon de même âge, deux ans plus tard enfin, un mari que sa belle âme et ses dévouements sans bornes avaient fait surnommer LE BON DIEU DE LA HAGUE, puis qui vécut avec moi vingt-cinq ans encore, dans le deuil, la bienfaisance et le labeur sans trève, toute au but de m'aider à mener à bien mes conceptions gigantesques.

> " J'en fais le serment sur ta tombe, ô ma sœur, ce n'est pas
> " en vain que tu m'auras si vaillamment secondé. "

O de mon âme, ô moitié retranchée,
Sœur qu'à mon culte enviait le Trépas ;
O de mon ciel, vive étoile arrachée,
Quel feu sacré pour moi n'éteinds-tu pas ?
Oui tu m'aimas sans mesure et sans trève,
Cœur affamé d'idéal et fait pour ;
Tu me voulais l'idole de ton rêve :
L'homme qu'au peuple immolât son amour.

L'homme pétri de dévoûments sublimes,
L'époux qui fit vingt-deux ans ton orgueil,
De ses vertus c'était du haut des cimes,
Pour me juger, que tombait ton coup d'œil.
Au livre d'or de sa vie, en élève,
Tu m'enseignais quels beaux traits tour à tour !
Tu me voulais l'idole de ton rêve :
L'homme qu'au peuple immolât son amour !

D'atrocités, par un triple mélange,
Trois fois la mort de ses coups t'accabla.
Enfants, Epoux, le Saint, l'Amour et l'Ange,
Loin de tes pleurs, au ciel tout s'envola.
Leur deuil resta dans ton cœur comme un glaive
De sacrifice aux autres sans retour.
Tu me voulais l'idole de ton rêve :
L'homme qu'au peuple immolât son amour.

D'âpres labeurs, ô trop vaillant veuvage,
Qui, vingt-cinq ans, combla seul nos besoins !
« Au peuple sois, me dis-tu, sans partage,
« Pour le servir, sois libre d'autres soins !
« Va, des géants problèmes que soulève
« L'ère qui point, va t'atteler autour.
« Moi, je te veux l'idole de mon rêve :
« L'homme qu'au peuple immole son amour.

« Du peuple aux flots, trempant un caractère,
« Dieu d'impossible en fait un pourfendeur.
« N'est-ce un levier à soulever la terre,
« Que, pour le peuple, un amour fou d'ardeur ?
« Du siècle aux cieux, quand la fange s'élève,
« Pour étaler sa souillure à l'entour,
« Toi, je te veux l'idole de mon rêve :
« L'homme qu'au peuple immole son amour.

« Je vais mourir, calme, dis-tu ; modestes
« Me soient rendus de funèbres honneurs !
« Conduis sans pompe à la tombe mes restes,
« Au champ qui tant m'enterra de bonheurs.
« Sauf à l'appui que ma perte t'enlève,
« Je n'ai regret à rien de ce séjour.
« Je t'y voulais l'idole de mon rêve :
« L'homme qu'au peuple immolât son amour.

« De ma famille, en membres si féconde,
« Quand s'est éteint presque tout avant moi,
« Je vais revoir les miens dans l'autre monde :
« Mon frère, adieu ! de ta sœur souviens-toi.
« Ta survivance, après tout, sera brève,
« Mais, à travers, nos cœurs se feront jour ;
« Ils te feront l'idole de mon rêve :
« L'homme qu'au peuple immola son amour. »

1897

AVANT-PROPOS

Le présent opuscule n'est que la très succincte réduction d'un fort gros manuscrit remontant à mon âge mûr. C'est un essai de prévision sur l'avenir de l'organisation sociale dans l'humanité. C'est l'exposé de cette organisation dans ses principaux caractères, et supposée à sa perfection progressivement parvenue, ou telle que je la pensais et souhaitais arriver un jour, plus ou moins lointain.

C'était une géante utopie, sans doute, pour l'heure présente. Mais l'emprunt à l'utopie du passé, c'est l'aliment du progrès futur. Si, du passé, les histoires font les leçons de l'avenir, les conceptions tentées de l'avenir en font les architectes.

En politique, aujourd'hui, le règne entier du vieux se meurt ; tout appelle du grand et profond nouveau ; tout en présage. Le monde des travailleurs, ces frais embarqués sur le vaisseau de l'État, n'attend plus, pour en prendre la direction, que de s'être achevé d'instruire à la manœuvre, prêt, en en changeant l'orientation, à lui faire ouvrir des horizons immenses, insoupçonnés des classes jusque-là dirigeantes.

Aussi, dernièrement, ayant relu mon vieux manuscrit, et n'ayant vu là qu'innovations désirables, ai-je résolu d'en publier un sommaire exposé, les pensant applicables, en partie de nos jours, totalement dans l'avenir.

J'y ai vu d'abord le moyen, qu'aujourd'hui encore et plus que jamais j'approuve, d'établir l'harmonie entre l'Individualisme et la Communauté, ces deux co-partageants de la vie sociale, éternellement en guerre, hélas !

C'est avec un acharnement inouï qu'aux prises sans trêve, ils vont luttant sans merci, à qui, le plus possible, réduira de l'autre la part, furieusement soutenus des deux côtés, l'Individualisme par les capitalistes, la Communauté par les travailleurs.

Pour les capitalistes, ils s'obstinent à ne guère voir, dans la Communauté sociale, qu'une simple société d'assurance à prime du nom d'impôts, et bornée, presque uniquement, à préserver d'attaque la personne et la propriété. Les travailleurs, au contraire, sous drapeaux socialistes divers, n'aspirent guère à rien de moins qu'à l'absorbtion de tout par la Communauté, à laquelle seule, à peu près, ils conçoivent l'espoir de devenir participants.

Quand et comment finira lutte pareille, si formidable devenue ? Quand ? on ne sait. Comment ? on le devine. C'est, des deux parts, par l'adhésion à ce jugement, que rendent de concert, pour les esprits et les consciences, la raison et l'équité, et proclament ainsi :

« Sans suffisance de biens individuels, le travail languis-« sant faute de stimulation, comme aussi sans suffisance de « biens communs, la société humaine se dissolvant faute de « solidarité, *in medio veritas*, et soient, entre l'Individua-« lisme et la Communauté, BALANCE ÉGALE ! REVENUS « ÉGAUX ! »

En fait de gouvernement, que le démocratique, par son nom désigné pour être le gouvernement du peuple entier, soit pour devenir une vérité, en émanant et relevant de tous les membres sociaux sans exception, c'est bien encore aujourd'hui mon inébranlable croyance. Je proclame haute-ment toujours, que le droit de l'homme est complet par essence, et, sous le nom de droit humain, embrasse et con-fond ensemble le civil et le politique, pour être le tout exercé directement, ou par représentant, père, tuteur ou curateur.

Pour l'Union humanitaire, qu'ostensiblement déjà se hâte de couver la nécessité, fût-elle même moins éloignée qu'on ne prévoit, elle ne nous permettrait encore, présentement, que d'en populariser l'envie, pour en avancer l'avénement. Mais, plus accessibles à notre mission de salut que n'est aujourd'hui l'immense patrie humanitaire, Français, n'avons-nous là, pour l'y exercer sur l'heure, nos deux autres et chères patries, la moyenne et la petite, la France et la commune, elle ville ou canton ? N'avons-nous à sauver la France, anémiée par une maladie du cœur, qu'étouffe une pléthorique centralisation ? N'avons-nous le canton, ce petit État primaire de l'avenir, et présentement rien, qui, sans préjudicier même, aux lilliputiennes communes végétantes, peut acquérir tant d'importance, et devenir demain la pierre angulaire du nouvel édifice national, après avoir été le bélier de la décentralisation.

Quoi donc de plus vaste, que ce double champ ouvert, à nos démocratiques efforts, dans cette grande nation et cette grande commune ? Refaire l'une et parfaire l'autre, quelles transformations urgentes et profondes à déjà faire subir au vieil édifice social, sur un sol las d'en trembler sous les écroulements ? Progressivement, mais vivement nettoyer le terrain qui les sépare, ces deux patries sacrées, de ces vieux nids d'abus sans nombre, arrondissement et département, l'un avec son prétoire à tout faire, l'autre avec à trois queues son pacha, quelle œuvre d'assainissement moral, et sur ses auteurs glorieux, quelles bénédictions éternelles !

Combien avantageusement ne serait-il déjà remplacé, ce tribunal de première obédience, dans une réunion, un jour la semaine, au prétoire respectif de chacun d'eux, par trois juges de paix de cantons voisins, bien pourvus de savoir, de rétribution et d'indépendance plus encore ? Combien non moins heureux ne serait-il encore, le double et prompt remplacement et du vieux bailliage, et du départemental pachalik, par une nouvelle et vaste circonscription d'un vingtième environ de notre sol, faite, si possible, d'une même grande province, mais circonscription purement géographique, d'ailleurs, avec purement bureaucratique administration, et sans d'autonomie même une ombre ?

Il ne faut que mettre la main à l'œuvre, qui d'elle-même, ensuite, par enchantement s'accomplira tout entière.

Quant à la forme du gouvernement démocratique, soit ou non universel, je pense fortement encore, après plus de trente ans, que la seule rationnelle et selon nature, comme elle doit être exclusivement dans la société nouvelle, c'est la forme mixte : mi-unitaire, mi-fédérale ; unitaire pour la puissance, fédérale pour la sujétion.

Ainsi proclamé-je toujours, que c'est des suffrages individuels des citoyens que doivent émaner et relever, directement, tous les gouvernements, mondial compris ; mais que nulle cause individuelle ne doit être justiciable que de la commune.

C'est que le votant, agissant toujours, comme tel, avec une multitude, s'appelle légion, fort qu'il est partout et toujours d'un tel concours : mais que l'individuel justiciable, faible, lui, parce qu'il est isolé, ne saurait, dans des conditions bien sûres, assez haut plaider pour se faire écouter du public national et mondial, le juge de ses juges, et sa plus sérieuse garantie d'impartialité.

Aussi persisté-je dans l'immuable sentiment que l'individuel membre social ne doit être poursuivi, sur plainte de la Nation, que par l'intermédiaire de la Commune, ni, sur plainte de l'Union, que par l'intermédiaire de la Nation d'abord, de la Commune ensuite.

En ce qui concerne la division des grands Pouvoirs de l'État de degré quelconque, mondial, national ou communal, celle qui les réduit à deux, le gouvernemental et le judiciare, n'a pas cessé d'être l'objet de mes vœux les plus ardents, le temps et la réflexion n'ayant fait que de m'en démontrer plus manifestement l'excellence.

Les deux existants, loin d'être séparés, sont bien plutôt absolument inséparables. Ce sont le législatif et l'exécutif, dont le premier, d'ailleurs, est le père du second, couple à qui sa duplicité ne fait autant défaut que quand il s'agit de maîtriser son maître, le peuple, au lieu de lui obéir. Quant au dédoublement du législatif, il ne fait que transformer en Geryon au triple corps les deux frères Siamois, sans que la triplicité du monstre en amoindrisse en rien la malfaisance.

Que la tierce part du sinistre trio, ce souverain arbitre des destinées de l'État ; que le Pouvoir exécutif ait même origine que la Députation, pourquoi ne vaudrait-il pis qu'elle encore, avec de moins l'opposition pour frein, et de plus trois ans d'un mandat sans contrôle ? Que le peuple plébiscite, mais sa Constitution, et non point un Pouvoir exécutif unipersonnel ! Ce serait pour lui vieux jeu, et trop il sait comme on l'y triche.

Si les États-Unis s'en contentent, c'est qu'ils sont résignés à souffrir le pire fléau des démocraties, l'effréné despotisme des majorités, puisque leur unipersonnel Pouvoir exécutif ne peut être qu'un pur produit de majorité. Mais si ce peuple prestigieux, par la vertu d'une vierge solitaire et féconde, sa terre si pleine de jeunesse et de séve, éblouit le Monde de sa Fortune, qui donc lui vaudrait l'honneur d'être pris pour le Génie de la Politique ? Serait-ce parce qu'en la matière, sauf le lynch, il n'a rien inventé ? Eh ! quoi donc ? Pour aller lui mendier ainsi son politique idéal, la France aurait-elle jusqu'à perdu son antique couronne de Reine spirituelle des Nations ?

A la France il appartient de montrer au Monde encore, que plus de six lustres de tortures n'ont pu couper les ailes à son Génie. A la France il appartient d'enseigner aux Nations, par son irrésistible exemple, que le seul vrai Pouvoir législatif, au fond, n'est autre que le peuple constituant lui-même, permanente assemblée, toujours prête à perfectionner son œuvre, cette constitution dont la lettre et l'esprit contiennent, en substance, la législation tout entière. Alors elles comprendront que la législation en sous-ordre du Pouvoir Gouvernemental rentre, en réalité, dans les attributions naturelles de l'Exécutif, et qu'elle n'est qu'un ensemble de sortes de règlements d'administration publique, pour l'application de la Constitution.

Elles saisiront aisément, d'ailleurs, qu'à cette subalterne

faculté de légiférer, le frein sera tenu d'autant plus serré par la Constitution, que le Pouvoir Judiciaire, second grand Pouvoir de l'Etat, indépendant du gouvernemental, et, comme lui, formant une assemblée directement du peuple élue, aura, dans ce système, droit d'annuler par jugement motivé, après contradictoires débats, toute loi par lui déclarée contraire à la lettre ou à l'esprit de la Constitution.

En fait d'octroi de mandats de représentants de tout degré, c'est encore aujourd'hui mon persistant avis, que dans toute, absolument toute l'étendue du possible, tous les membres sociaux aient juste part à l'exercice du Pouvoir, en tant que cet exercice est de nature à pouvoir être divisé, ne laissant de la sorte à la majorité, que les privilèges par elle tenus de la force des choses. Qu'aux minorités ainsi soient parts, proportionnelles à leurs groupes respectifs, de députés de tout ordre, de discours dans les assemblées, de comptes-rendus officiels des débats, et d'officielles publications !

Je suis toujours aussi fermement convaincu, que rien au monde n'avilit autant un corps social que sa représentation par seuls élus à la majorité. La cause d'un si lugubre fléau crève les yeux. C'est que pour être élu, le plus souvent, hélas ! il faut être un crétin ou un fourbe : un crétin sans idées, pour ne choquer celles de personne ; un fourbe intelligent, pour dissimuler tout ou part des siennes, et simuler toutes celles d'autrui.

Mais ce que, plus que jamais, moi vieux démocrate dans l'âme, je continue à n'envisager qu'avec horreur, c'est, par le peuple, l'abdication perpétuelle de sa souveraineté, dont, sans interruption, le règne est jeté par tronçons à la hurlante cohue de vrais fous furieux, celle d'un Parlement investi du droit de tout faire, et du pouvoir de tout affronter. L'omnipotence tourne toute tête humaine. Seul, le peuple en échappe aux effets par l'obligatoire diversion du travail ; le potentat, souvent, par peur de sa responsabilité solitaire heureusement garanti ; le Parlement, jamais. Abritant sûrement ses têtes et ses personnelles responsabilités sous la ténébreuse confusion du nombre, là le sinistre malheureux, grisé d'impunité, envahi par la folie, s'en abandonne à tous les transports.

A propos de l'instruction publique, ce que, plus que jamais large et libre je l'entends, c'est ce qui touche aux dernières limites du possible. Voulant, de toute l'énergie de mon être, la vraie Démocratie, j'en veux, du plus intense de mes vouloirs, ce qui seul peut en amener le règne, et seul en perpétuer infailliblement la durée, et c'est, à l'universelle enfance, le plus vital des enseignements.

Je veux que, dans un avenir prochain, du peuple-roi vraiment régnant alors, l'enfant soit, en héritier présomptif, royalement élevé ; je veux qu'il le soit, non pas en ingénu, mais en futur souverain à mettre en état, à quatorze ans, lui aussi, de gouverner sa patrie, n'étant ni moins bien doué qu'autre dynastique rejeton, ni moins constant objet de spirituelle culture.

Né pour vivre dans le conflit des opinions et des croyances, je tiens qu'on doit le faire de bonne heure à ne s'en point troubler. Fait pour subir les lois de la majorité du corps social, j'entends qu'on ne lui en laisse ignorer ni la doctrine, ni les aspirations, à lui obligatoirement enseignées par maîtres, à cet effet, officiellement brevetés.

Mais, ces maîtres, je les veux à traitements publics, dans des bâtiments publics divers, là préposés par les groupes divers d'élus gouvernementaux, pour y donner, concurremment avec l'officiel enseignement, le primordial, celui de la famille, dans ce qu'il diffère de l'autre. J'entends que cet enseignement libre et particulier soit, quant à cette divergence, professé comme seul de bon aloi. Plus tard l'élève, adulte devenu, et connaissant l'un et l'autre, à même sera de choisir entre ces deux enseignements : le sauvageon de famille et l'officiel enté.

Quant à la société, c'est seulement ainsi que, par l'enseignement, elle se perpétuera la même tout entière, sans modifications que par la liberté ; et cela, sous peine de ne faire revivre d'elle-même, par l'enseignement étranglé de la majorité, qu'un informe avorton.

Mais, dira-t-on, comment la masse sociale, forcée de pourvoir à ses besoins par le travail, pourrait-elle donner tant de temps à son instruction ? Ses besoins ! répondrai-je, mais pour rester en Démocratie, le premier de tous, c'est bien le savoir. Le temps ! Ah ! qu'elle en mette seulement à procurer ce premier nécessaire à tous, la moitié de ce qu'elle en perd maintenant à fournir, à quelques-uns, un archi-fou superflu, et c'est de trop qu'elle en aura.

Pour les titres et les insignes honorifiques, j'en continue à priser plus que jamais, pour la société les éclatants avantages. A la majesté de la Démocratie se ferait regretter quelque chose, si ces fleurons manquaient à sa couronne. L'immortelle souveraine, non plus qu'autre puissance au monde, ne doit abdiquer le suprême privilège de splendidement honorer ainsi l'élite de ses serviteurs. Qu'acquis lui soit donc le droit d'anoblir, mais exercé directement par la population même, afin qu'il n'en émane que de vraies et populaires illustrations, marquées au sceau sacré de la reconnaissance publique ! Je veux que ces étoiles du ciel démocratique, en brillent immaculées dans l'azur. Je les veux écloses des plus abondantes et longues accumulations de politiques suffrages. Je veux que la noblesse de la Démocratie monte de l'urne ainsi qu'un parfum, et non de l'égout, de l'égout nauséabond du favoritisme, comme une peste de décorés.

En ce qui regarde le Pouvoir Judiciaire, plus que jamais toujours, je reste convaincu que, pour le salut de la Démocratie, c'est du plus pur de sa terrestre essence que cet auguste Pouvoir, puisqu'il ne peut descendre du ciel, doit par elle être formé. Plus que jamais j'en salue l'avenir, de ce laïque sacerdoce, de ce nouvel et plus divin qu'antique aréopage, et qui, directe et sublime émanation du corps social entier, ne doit parvenir au sanctuaire de la Justice, que par la voie sacrée des populaires honneurs, que par un long et glorieux défilé d'électoraux triomphes, ainsi de droit investi comme d'une surhumaine indépendance.

Ainsi sœurs d'origine, c'est également aux plus riches accumulations de politiques suffrages électoraux, que Noblesse et Justice doivent, et l'une ses blasons, et l'autre ses balances. C'est de la première, d'ailleurs, que se recrute la seconde.

Quant à l'organisation démocratique de la force armée, dans la société nouvelle, ma conviction, de plus en plus corroborée par les ans, c'est que ce qui là s'impose, au nom de l'humanité, ce n'est rien moins que la perfection même, et, dès lors, que l'obligatoire emploi de seuls hommes du métier : officiers, sous-officiers, caporaux et soldats. Pour l'ordre, quelles ailes ainsi prêtées à la Victoire, trop prompte pour laisser, au carnage, verser le sang des deux parts à torrents !

La peur, par là, du césarisme, quelle chimère la ferait naître, dans une société devenue essentiellement réfractaire au pouvoir personnel, et défendue par tous militaires vivant de sa vie, en pères de famille presque tous, comme épars et confondus avec la population ? Combien ici, d'ailleurs, lourdement tombe l'impraticable théorie, consistant à ne confier qu'aux citoyens eux-mêmes leur défense, quand, l'étant tous, pas un sur dix n'est apte aux armes ?

De terre et de mer ensemble, dans la société nouvelle, deux cent-soixante mille militaires, telle serait, pour nos quarante millions d'âmes, la force armée suffisante ; ou, par canton, une faible compagnie, une quinzaine de chevaux, plus un canon, et, par ville grande ou moyenne, force selon l'importance.

Hélas! même dans la France de nos jours, en pleine anarchie internationale doublée d'intestine, combien, sur organisation pareille, aimerait à se reposer notre patriotisme en alarmes! Avec pareil cadre à nos forces, par où, pour être au mieux militarisée, suffirait un moyen passage de six mois à notre jeunesse, comme en paix l'on dormirait à l'ombre de nos drapeaux ! Oh ! dût de deux pour cent notre budget s'en alourdir encore, qu'heureuse, à ce prix, se devrait estimer la France !

Enfin, en ce qui est des cultes, c'est de toute l'ardeur de mes vœux que j'en appelle, non-seulement la pleine liberté, mais encore, par la communauté sociale, la convenable dotation toujours : dotation, dans la société nouvelle, entre ces cultes, par les divers groupes d'élus gouvernementaux, proportionnellement répartie.

Toute autre conduite, à leur égard, m'apparaîtrait comme un monstrueux comble et d'incivisme et de lèse-humanité ; puisque les cultes présentent l'immense et double avantage d'être, tout à la fois, et les plus fermes soutiens de la société humaine, et les plus féconds artisans du bonheur des hommes.

Mon civisme n'a cessé, de plus en plus haut, de me crier au cœur que la société vit de morale, la morale de sanction, la sanction surtout de foi dans l'au-delà de la vie, et la vigueur de cette foi, surtout du feu sacré des cultes.

Ma sincère et profonde philanthropie, d'une voix de plus en plus tonnante, me somme d'éclater en bénédictions pour tout ce qui, le plus, apporte de bonheur à mes semblables ; et, pour eux, de tous les porte-bonheurs, par elle les premiers proclamés sont les cultes.

C'est que, pour l'homme, le bien des biens, c'est la continuation de son existence, et que la croire infinie fait sa félicité suprême, félicité d'autant plus grande que cette croyance est plus par les cultes avivée.

Qu'importe que les hommes, qui de tout font abus, en aient fait des cultes, comme des héroïsmes guerriers, et jusqu'à de la paix, dont l'amour outré tue tant d'États ! Qu'importent, des cultes, les divergences quant aux conceptions de détail sur la vie future, quand, de la vie présente, ils font la force, la grandeur et la joie, en y faisant de l'autre, rayonner à l'envi la certitude consolante ?

Arrière à la fausse science de honte et de malheur, qui s'acharne à ravaler et désenchanter la vie ! Arrière aux bourreaux de nos plus vivifiantes espérances ! Arrière aux docteurs en sans Dieu, comme en Dieu sans Providence !

Ceux dont la rage de déchéance humaine se rue sur la noblesse de notre origine, qu'ils vont s'évertuant à tirer, non plus d'une Intelligence suprême, mais d'un aveugle et vil hasard ; ceux qui nous déshonorent : voilà les docteurs sans Dieu !

Ceux qui, sans être athées, en proclamant l'impossibilité de toutes relations entre deux mondes divers, le monde des esprits incarnés et le monde des purs esprits, prétendent anéantir toute foi dans l'assistance de l'un au recours de l'autre ; ceux qui, les barbares, nous veulent arracher l'espoir de tout appui d'en haut ; ceux qui sont faits pour nous assombrir : voilà les Docteurs en Dieu sans Providence !

Mais, par bonheur, le premier mot de leur désolante doctrine, en contient, lui seul, le plus ostensiblement du monde, l'irréfragable réfutation, en y signalant, pour base même, la plus palpable et monstrueuse des contradictions. Ecoutez plutôt ce qu'ils commencent par professer :

C'est que, de l'au-delà de la vie, l'on ne peut rien connaître, tout en proclamant connaître, eux, l'effet qu'en aurait l'intervention dans notre Monde, effet qui, prétendent-ils, serait de complètement détruire la constance des lois physiques, pour faire place à d'incessants miracles. O profondeur ! sans connaître l'auteur de la nature, en connaître l'impuissance d'agir sans la bouleverser ! !

Mais terribles docteurs, exterminateurs de populaires croyances, que dites-vous de l'inspiration, cette provocatrice de la volonté sans violation des lois physiques ?

Voyez ce pauvre naufragé sur une chaloupe de sauvetage, avec quelques vivres au milieu d'une mer vaste et presque infréquentée. Il prie, espère, fait choix d'une direction et rame en ce sens, quand, au bout de huit jours, un navire l'aperçoit et le sauve, grâce à ce que le capitaine, le télescope en main, a eu la fantaisie de promener au loin ses regards. Or, d'où donc est venue cette double inspiration salutaire, à l'un de faire choix de la bonne direction, à l'autre d'user du télescope ? Vous répondez, vous, c'est d'un double hasard, et lui, c'est d'une double intervention de la Providence. De plus, dit-il, sans ma confiance en elle, bien avant l'instant du sauvetage, je mourais fou de désespoir, et je ne vis plus que pour la bénir.

Voyez cet autre aux portes de la mort. C'est un malade atteint d'un mal sans remède, quand le médecin a l'idée d'en inventer un, et le sauve. A qui donc encore est due la salutaire inspiration ? Au hasard toujours, selon vous ; mais, selon l'inespéré guéri, c'est à la providence, sensible à sa prière.

Jeanne d'Arc dit croire entendre des voix lui commandant de sauver la France. Elle y obéit et la sauve. Mais qui lui inpira la résolution d'y obéir? Vous voulez que ce soit le hasard encore ; mais elle, la Providence.

Dans tous ces cas, qui donc a raison ? Vous ne pouvez nous établir que c'est vous, la chose n'étant pas scientifiquement démontrable. Mais entre l'affirmation de Jeanne et la vôtre, est fait le choix de la France, dont l'immortelle rédemptrice a conquis la confiance, en faisant plus pour elle, dans une année, que, depuis quatre siècles, n'ont fait ensemble tous les docteurs en Dieu sans Providence.

Enfin, d'un dernier regard jeté sur l'avenir de la *société nouvelle* je recueille un redoublement d'assurance, que c'est bien de l'absolue et prochaine nécessité d'une mondiale police sur les mers, que la mondiale Union, institution la plus lente à parfaire, tirera son origine, comme embryonnaire d'abord, sous le nom présumé de fédération maritime des Nations. C'est que nulle d'elles, en effet, parmi les grandes du moins, ne saurait vivre désormais sans la liberté des mers, que le premier grand conflit menace d'anéantir, et, par cela même, contraindra le Monde de sauver à l'aide d'une fédération.

Et, plus que jamais, je la sens remplir mon âme, cette consolante assurance, que devenus des démocraties, affranchis de leur insondable fourmilière d'aristocratiques diversités, à tous les peuples convient même sociale organisation, puisée dans l'étude approfondie de la nature sociale populaire, et que le premier qui s'en montrera resplendissant, faisant de tous l'admiration, bientôt les aura tous pour imitateurs.

Eternel honneur que celui d'avoir servi de modèle à tous les peuples du Monde ! Et j'en ai l'infaillible présage, c'est à la reine spirituelle des nations, c'est à ma noble patrie que le réserve sa providentielle destinée.

Et qui sait à quand est ajournée cette immortelle gloire ? Inconnues voilà cent ans, les assemblées politiques aujourd'hui gouvernent le Monde, et quand ce siècle ne menait tout qu'à la vapeur, celui-ci, n'est-ce à l'électricité ?

—❦—

LA
SOCIÉTÉ NOUVELLE

ou

les douze colonnes du nouvel édifice social

Première colonne.

C'est l'IDIOCÉNISME, nom formé de deux mots grecs, *idios* et *coinos*, signifiant privé et commun. C'est le système de la séparation, en deux parts égales, de la totalité des populaires revenus : la part privée et la part commune. La part commune, on le sait trop, est celle que, sous formes diverses, la communauté sociale fournit et dispense à la population. La part privée est celle qui, en dehors de la communauté, provient de tous les particuliers ensemble, isolés entre eux ou par libres associations groupés. En d'autres termes, dans ce système, la population possède une communauté dont la puissance financière, en n'en mêlant rien, comme partie intégrante, à la somme de toutes les particulières puissances financières ensemble, suffit seule à les balancer.

Et, de fait, la balance peut symboliser, au mieux, les degrés dont l'ordre social s'approche ou s'éloigne de la perfection. Ainsi soient supposées placées, dans chacune leur plateau, les deux parts du revenu social, la part provenant de la communauté et la part provenant de l'individualisme ou des particuliers, si cette part-ci, plus ou moins considérablement l'emporte, c'est là l'indice d'un état social plus ou moins barbare ; tandis que si le contraire a lieu, l'état social indiqué l'est comme plus ou moins entaché de servage. Mais si les deux parts sont ou presque en équilibre, c'est là le signe, pour la société, ou de la perfection, ou de quelque chose d'approchant, au point de vue économique sûrement, et probablement à tous.

Rien de plus simple à fonder que le régime de la Communauté, qui, faute du stimulant de la rémunération, ne vit que de travaux forcés : des verges aux mains des chefs, au reste des chaînes, et c'est fait. Quant au pur individualisme, lui, ce n'est point un régime social : l'homme qui ne vit que pour lui-même et sa famille, n'est qu'un sauvage. Pour l'Individualisme presque pur, c'est un régime demandant peu d'organisation, tenant de près à l'anarchie, qui s'en passe. Mais le régime d'équilibre parfait ou presque, entre l'Individualisme et la Communauté, combien plus de temps et de peine ne demandait-il à fonder?

Cela fut toutefois, parce que la Nature, la souveraine maîtresse, a fait l'homme moitié pour la société, moitié pour lui-même et les siens, et que devenu, par l'étude, en état d'en comprendre mieux les lois, il s'y est laissé conduire, en marchant droit à l'idiocénisme.

Voilà donc la communauté sociale propriétaire de la moitié de tous les capitaux commerçables, c'est-à-dire de la nature de ceux pouvant être possédés par les particuliers. Toutefois, cette moitié dévolue à la Communauté, ce n'est point la moitié de chacune de toutes ces choses, mais bien la moitié de la valeur du tout. C'est que, pour simplifier sa complexe administration, la Communauté, dans sa moitié de la valeur en question, ne compte que le moins possible de minuties. S'il lui en échet par trop, elle s'en débarasse par ventes, et, par achats, les remplace autrement.

Comme valeur, la Communauté possède la moitié des terres, du bétail, du matériel agricole, et des récoltes accumulées, le tout soustrait aux accaparements de milliardaires effrenés, et pour être affermé, par baux plutôt longs et par portions graduées, aux enchères adjugées à preneurs de tous rangs.

Comme valeur, la moitié, mais bien plus, comme nombre, des habitations sont les siennes, qu'elle loue sans l'atroce défense d'y souffrir des enfants, certaines simples assez sans doute, mais où fait encore meilleur dormir que sous les ponts.

Comme valeur ainsi toujours, lui appartient la moitié des mines, des usines, des fabriques, des ateliers, des magasins et marchandises ; des banques, des caisses d'épargne, des assurances, des théâtres, des casinos, des hôtels, des navires, etc., choses qu'elle fait exploiter rarement pour son compte, mais loue bien plutôt aux enchères, et moyennant cautionnement, après établissement de sérieux état de lieux, et, d'après sérieux inventaire, fixation du montant du capital mobilier loué, la plus-value comme la perte devant rester au locataire. Ainsi, seule organisatrice de la moitié de la production et du commerce, elle a l'intelligence et le pouvoir d'en maintenir, envers et contre tous, la totalité dans une juste balance avec les besoins, en épargnant, à la société nouvelle, les mondiaux désastres issus des spéculations et des trusts.

Par la Communauté sociale, d'ailleurs, tout fut acquis sans spoliation de personne, ces acquêts ne constituant qu'un troc de capital contre revenu ; et, pourvue de son domaine, elle affranchit de toute redevance, domaine, avoir et personne de tout membre social. De celui-ci, toute terre devint un franc-alleu, tout capital, pour elle intangible.

Ainsi, comme équivalence, aux deux dixièmes des revenus pour impôts sur les capitaux, proportion alors admise généralement, la Communauté sociale a substitué le prélèvement des deux dixièmes des capitaux quelconques. Puis, comme équivalence encore d'autres charges publiques irrégulières sur les capitaux, régulières sur les personnes, et toutes de même généralement en usage alors : tels droits sur successions, legs, donations, mutations, cote mobilière, patentes et service militaire, la Communauté, de plus a prélevé, sur les capitaux un troisième dixième.

Quant au quatrième dixième du capital social entier, dixième aussi maintenant à la Communauté, il est de pure création, comme plus value qu'en moins de vingt ans la Communauté, plus puissamment outillée et plus intelligente que la masse des particuliers isolés, a su, par ses avances et sa direction, donner à son avoir pris en mauvais état généralement, tandis que l'avoir privé demeurait d'un bien moins prompt accroissement.

Enfin son cinquième et dernier dixième du capital social lui est venu, plus lentement, par une accumulation de biens recueillis de successions en deshérence au-delà du sixième degré, de legs, de dons, d'amendes judiciaires et d'économies.

Il est vrai qu'ainsi l'Individualisme, riche autant que la Communauté en revenus de capitaux commerçables, a, de plus qu'elle, encore les revenus produits par le travail humain : salaires, gages, traitements, honoraires, etc., et voilà qui double sa part de revenus. Mais l'émulation entre l'Individualisme et la Communauté, surtout pour l'outillage, a tellement accru la valeur du capital commerçable, que le revenu en atteint aujourd'hui le double de celui du travail, lui pourtant rémunéré plus qu'anciennement plu-

tôt. De plus la Communauté possède, a part, de forts revenus qui sont d'état par essence ou de monopole, revenus
égaux à la moitié de ceux du travail, ce qui rétablit l'équilibre entre publics et privés. Mais pour plus de lumière,
laissons les abstractions pour un exemple à la France em-
prunté, tout en la supposant rognée toujours comme en
1900.

Elle compte, dans ces limites, aujourd'hui cinquante
millions d'âmes, avec bien cinquante-quatre milliards de
revenus, tant de capitaux de nature commerçables, que de
travaux humains. Ces revenus se partagent en trois classes,
à peu près égales, de chacune dix-huit milliards, et dont
chacune est le produit ou des capitaux immobiliers, ou des
mobiliers, ou du travail. Moitié des revenus des capitaux
des deux sortes, ou dix-huit milliards, et la totalité de ceux
du travail ou di-xhuit autres, soit en tout trente-six milliards, telle est la part de l'Individualisme ou des particuliers, quand celle de la Communauté ne monte qu'à dix-
huit, bornée qu'elle est aux revenus seulement de la moitié
des capitaux en question. Ainsi ne sommes-nous, jusque-là,
qu'à mi-chemin de l'idiocénisme. Mais voici qui rétablit
l'équilibre, au profit de la Communauté.

C'est au moyen, par celle-ci, d'un prélèvement égal au
sixième de tous les revenus sociaux ensemble, ou de neuf
milliards, indirectement opéré sur les trente-six de l'Individualisme, ainsi réduits à vingt-sept, et portant à ce même
chiffre-ci les dix-huit attribués précédemment à la Communauté.

Ce prélèvement, fait au préjudice de l'Individualisme
qui le subit, par la Communauté qui s'en accroit, consiste
en aubaines, droits régaliens et monopoles. Ce sont, en
premier lieu, successions en deshérence, dons et legs ; en
second lieu, droits de douanes, places et marchés, comme
de rivière, canaux et mers pour pêche et parcours ; en troisième lieu enfin, postes et chemins de fer et monopoles
importants et nombreux, sur articles d'un large usage,
mais non de nécessité.

Après qu'il a été pourvu à tous les services publics, et
fourni d'hospices ou de modestes pensions alimentaires,
s'ils n'ont pour se suffire, infirmes, invalides, vieillards et
enfants ophelins, la Communauté, de ses vingt-sept milliards de revenus, a dépensé la moitié, l'autre étant réservée pour distribution, à tous les membres sociaux, comme
minimum de part au commun héritage social, à raison, par
tête, de deux cent soixante-dix francs: providentielle garantie
contre le désespoir en moments de chômage et la mort par

la faim. C'est là le gage d'un infaillible intérêt porté par tous à la bonne gestion de la chose commune; c'est, entre tous rompu, le pain de la fraternité !

Les chiffres ici donnés, bien entendu, ce ne sont que des moyennes prises de ceux des communes françaises, qui toutes ont chacune leur fortune à part, et fortunes dès lors florissantes à des degrés sensiblement divers.

En fait de retraites, n'en pouvant fournir à tous, la Communauté, sur retenues par elle faites, les borne à ses fonctionnaires, n'en servant à d'autres que pour assurance.

Hormis ceux de protection, d'instruction et d'assistance, la Communauté fait payer tous ses services, dont elle tiendrait la gratuité pour distribution trop inégale de dons.

C'est la commune, grande comme environ l'ancien canton français, qui, généralement, perçoit les revenus publics des communautés de tout degré, en gardant, comme propriétaire, les neuf dixièmes de ceux de sa provenance, et rendant le reste à la nation. La nation garde de même les neuf dixièmes des revenus de provenance nationale, et rend l'autre à l'Union, avec ceux de mondiale provenance ; après quoi, suivant inverse filière, est rendu aux communes par Union ou nation, si c'est le cas, l'excédent de fonds sur les besoins.

Quant au système économique de l'idiocénisme, il ne pouvait s'appliquer, dans chaque commune, que successivement, par fractions dites poliomérides, afin que la délicate opération s'en fît avec ordre et maturité ; et c'est comme en matière de partage entre co-héritiers, qu'il fut procédé à ce troc de capitaux contre amortissement de charges publiques. C'était à livrer à la Communauté trente pour cent de toutes les valeurs privées, soit en nature, soit en argent, sauf à la Communauté, dans ce dernier cas, à disposer des fonds pour acheter ailleurs à son gré.

Deuxième colonne

C'est la DÉMOCRATIE, ou pouvoir souverain de la population elle-même du corps social, s'exerçant sur tous les membres de ce corps, ensemble ou séparément, ainsi que sur toute chose appartenant à ce corps, ou à nombre quelconque de ses membres.

Or la souveraineté de la population réside dans l'universalité des membres de ce corps social, c'est-à-dire de tous les êtres humains dont il est composé, sans aucune exception, tous ayant le même droit d'en concourir à l'exercice.

Ce droit, c'est celui de suffrage. Il doit appartenir à tous. Ce droit politique ne se distingue plus du droit civil. Les deux, dans un seul confondus, ne portent là plus qu'un unique nom : celui de droit *humain*, conformément au vœu du grand Génie de la France : Lamartine.

C'est à titre d'humain qu'on a acquert le droit de vote civique, titre qu'âge ni sexe ne sauraient modifier jamais, pas plus que le mérite ou l'indignité. Il est basé sur l'intérêt particulier de tout être humain dans la société, intérêt qui doit être, naturellement, défendu par son possesseur, dont ce vote est l'arme de défense. À défaut, pour le mineur ou l'interdit, de la faculté d'en user soi-même, là, pour le faire en sa place, le père, le tuteur ou le curateur est, lui, tout prêt établi par la loi. Ainsi non moins aisément que le droit civil, le politique est exercé.

Secrets pour être sincères, obligatoires pour être au complet, les suffrages politiques sont donc absolument universels, pour être légitimes. Leur complète universalité seule assure, de leur part, le règne d'un gouvernement honnête, fidèle à sa mission démocratique, qui consiste à ne jamais travailler qu'à l'intérêt public. Dans une démocratie, la majorité qui gouverne, c'est la majorité du tout, ou ce n'est que mensonge. Dans ce dernier cas, la perfide, au lieu de servir l'intérêt public, infailliblement le trahit, au profit d'une minorité qu'elle est, sous masque du grand nombre.

Quelle mystification n'était-ce pas, par exemple, que cette prétendue incarnation du corps social entier, dont tous les membres ont chacun leur part sacrée d'intérêt à défendre, dans les seuls adultes mâles, seuls du droit de suffrage investis ! Alors, que voit-on ?

De cette arbitraire sélection de privilégiés, qui seuls disposent des revenus publics, pour lors déjà grands, et, dans la société nouvelle, à bien grandir destinés, trois catégories d'électeurs, toutes les trois bien distinctes, se dégagent ostensiblement, et visent des buts bien différents, sur le terrain du budget.

La première, toute de contribuables riches ou aisés, réclame un budget réduit, et dont ils veulent l'emploi, en grande partie, à la satisfaction des goûts et commodités du haut, plutôt que des modestes besoins du bas de la société : oubliant que si la masse incommensurable du travail humain n'était, pour plus des trois quarts, gaspillée en des productions futiles, les utiles, chez tous, regorgeraient d'abondance.

La deuxième, formée de simples travailleurs, mais célibataires, veufs ou mariés sans ou avec peu nombreux jeu-

nes enfants, pousse surtout à l'emploi d'un gros budget en
force travaux quelconques, en vue de la hausse des salaires.

La troisième, de simples travailleurs aussi composée,
mais pères de familles aux jeunes enfants nombreux, appelle surtout des réformes économiques profondes, n'espé-
rant que peu de la hausse de la journée, dont une de dix
sous supérieure, apportant la fête au célibataire, ne vaut
qu'un sou par bouche au veuf ou marié, père de huit ou
neuf jeunes enfants. Mais, hélas ! le père de nombreux mineurs, dans ce cas, avec son suffrage solitaire, que pèse-t-il
dans la balance de l'arbitre social du jour, l'adulte mâle ?

Tout au contraire, au père de famille, la juste reconnaissance d'autant de droits de suffrage, par lui pour eux exer-
cés, qu'il compte d'enfants en bas âge, et la même faculté
reconnue au tuteur pour ses pupilles, comme au curateur
pour ses interdits, quelle source féconde d'humaine solidarité dans la société nouvelle, et quelle garantie de rectitude
dans son économique orientation ! !

Nullement pour la caisse sociale, d'ailleurs, le vote à
tous n'est menaçant, puisque, parmi tous les suffrages, ceux
aux mains des pauvres familles riches en mineurs sont toujours loin d'être en majorité. La juste influence de ces
familles s'en accroît beaucoup, sans doute, mais sans devenir prépondérante jamais.

Troisième colonne

C'est la triade des degrés dans la hiérarchie des corps
sociaux, éléments de la société nouvelle ; c'est, pour le
citoyen, la triplicité des patries : la petite, la moyenne et la
grande, ou la Commune, la Nation et l'Humanité sous le
nom d'Union.

Ces degrés ne sauraient être multipliés, sans que cette
multiplication n'énervât les trois patries naturelles, par de
factices créations intermédiaires, réfractaires à toute vita-
lité. De ces trois là, l'homme a fait ses idoles. Aux trois son
amour et son culte. Les siècles en témoignent, comme les
continents. Point de patries nouvelles, quand les anciennes
suffisent, et s'en tiendraient profanées !

Il importe, d'ailleurs, au règne de l'ordre et de la paix,
en fait de hiérarchie de corps sociaux, que le supérieur
domine de haut l'inférieur par l'énormité de sa populaire
importance. Alors, pour se faire obéir, mieux qu'une armée,
lui vaut son prestige. Puis, plus l'organisme social est

simple, plus la population devient apte à se bien gouverner
elle-même.

L'Union a pour empire toute l'étendue habitable du
Globe; mais le fonctionnement de son gouvernement démocratique n'a lieu, d'abord, que dans les régions civilisées, le reste demeurant, provisoirement, administré
comme colonies, ou délaissé comme barbare.

La société nouvelle n'a point de lit de Procuste, pour y
étirer ou rogner la taille des nations. Pour prendre om-
brage de la grandeur d'aucune, elle en a trop elle-même, et
trop de moral empire. Telles qu'elles étaient, l'Union les
accueillit, en en séparant seulement les colonies transocéa-
niques.

De même n'en pouvait-il être toutefois des communes,
qui, trop petites, seraient incapables de se démocratique-
ment gouverner. Dans ce cas s'offraient toutes les rurales
de France, y compris petites villes et bourgades, et qui,
par groupes cantonaux réunis, ont fait de chacun d'eux,
dans la société nouvelle, un corps social primaire ou com-
mune-canton. Des groupements pareils ont dû se faire chez
presque tous les peuples de l'ancien Monde ; mais chez
moins de ceux du nouveau, originairement plus riche en
grandes communes. Quant aux grandes villes, ce sont des
types de gouvernement démocratique pour les corps sociaux
primaires, les communes pour mieux dire.

Malgré sa juste horreur de la complication dans son hiérarchique fonctionnement, la société nouvelle admit toutefois une division, sans plus, pour chacun de ses corps sociaux ; mais sans conférer, aux fractions ainsi formées,
aucune parcelle d'autonomie, aucun droit de propriété,
rien, en un mot, que des frontières et des fonctions purement administratives.

Ainsi furent divisés chacun des corps sociaux, en une
vingtaine de fractions de la sorte, en moyenne, fractions
porteuses de noms indicateurs de leurs respectives prove-
nances. Méride, leur commune terminaison, est tirée du
mot grec *meros*, division ; et ce qui précède l'est également
de termes grecs : *gê* terre, *patris* patrie, et *polis* ville. Géomérides ont nom les fractions de l'Union ; patridomérides,
celles des nations, et celles des communes, poliomérides.

Quatrième colonne

C'est l'UNITARIFÉDÉRALISME ou, dans la société nouvelle, la forme moitié unitaire et moitié fédérale : unitaire

pour la puissance, fédérale pour la sujétion. C'est un hybride système où tout corps social, d'un degré quelconque, n'a, pour membres de sa souveraineté, que des êtres humains individuellement agissant, comme il n'a pour sujets, envers lui responsables, que ses membres immédiats, soit ou non collectifs.

Ainsi, pour l'Union, sa constitution et l'établissement de son gouvernement sont l'œuvre de tous les suffrages civiques individuellement émis ; pour la Nation de même, sa constitution et l'établissement de son gouvernement émanent directement des individuels suffrages de ses citoyens ; et de même en est-il encore, pour la Commune, du vote de la constitution et de l'établissement du gouvernement communal.

Mais, comme sujets envers elle responsables et d'elle justiciables, si la Commune n'a que des membres individuels, consistant en autant d'êtres humains isolés, la Nation n'a que des membres sociaux immédiats et collectifs dits communes, et l'Union, non plus, que des immédiats et collectifs membres sociaux dits nations. En d'autres termes, pour plainte d'infraction aux lois humanitaires par un particulier, l'Union n'a de recours que contre la Nation, puis la Nation que contre la Commune, qui seule exerce le sien contre son individuel membre accusé. Si l'infraction reprochée au particulier porte sur les lois nationales, c'est la Commune dont il est membre, qui seule, de même, est poursuivie par la Nation. L'ordre, enfin, des juridictions compétentes reste le même pour la poursuite de torts collectifs, soit de la Nation envers l'Union, soit de la Commune envers la Nation ou l'Union.

Contre les corps sociaux refusant de donner ou faire donner satisfaction aux poursuites de leurs corps supérieurs respectifs immédiats, les condamnations par ceux-ci ont pour sanction des amendes, sans préjudice d'autres moyens de coercition.

Ainsi l'être humain, dans tout corps social où comme élément il figure, conserve et constant exercice de sa part de souveraineté, au lieu de l'abdiquer, même temporairement, aux mains de tyranneaux mandataires. Mais autant il est fort comme membre du collectif et suprême faiseur là des lois, autant est-il faible comme sujet soumis à leur empire, et seul à répondre pour soi de leur observance. Lamentable faiblesse de l'individuel justiciable, et qui se mesure à la colossale puissance du corps social qui le poursuit !

Que de condamnés politiques par la Nation, ne l'eussent jamais été par leurs respectives cités ou régions, par plus que celles-ci, plus influentes que ces infortunés, pour refus de poursuites, frappées par la Nation!

C'est dans l'ombre que, sous sa justice, la Nation immense, au prix d'elle imperceptible atôme, continuerait d'opprimer l'individu ; et c'est sans force et sans écho, que, du malheureux, la cause irait mourir en aussi vaste prétoire. Pas plus de garantie, d'ailleurs, la Commune justiciable, autre atôme devant une montagne, ne saurait trouver aux jugements de l'Union.

Quant à l'*unitarifédéralisme*, c'est, avec le ferme maintien de l'unité sociale, le plausible système de la décentralisation.

Cinquième colonne

C'est, en l'édifice de la société nouvelle, dans chacun de ses corps sociaux de tout degré, la division des pouvoirs en deux seulement, mais absolument indépendants l'un de l'autre, et, l'un et l'autre, directement émanés des populaires suffrages, bien que diversement entre eux deux toutefois. Ces deux pouvoirs sont : le gouvernemental et le judiciaire.

Il en est bien un troisième, le pouvoir constituant, mais qui, se confondant avec la souveraineté du corps social quelconque, forme le tronc dont les autres pouvoirs ne sont que les branches, en lesquelles il ne peut figurer comme division, étant la démocratie entière. Constituant est bien, en effet, jusqu'à même le corps social du dernier degré ou la Commune, comme complétement autonome dans la sphère de ses intérêts locaux.

Ce partage, il est vrai, sort du cercle des anciennes théories politiques, qui, divisant bien les pouvoirs en deux pareillement, en changent la nature et les noms ; ou qui plutôt, des deux nôtres, dédoublent le premier et suppriment le second. Du pouvoir gouvernemental, elles font le pouvoir législatif et l'exécutif, et, du pouvoir judiciaire, par elles rabaissé, un simple département ministériel du pouvoir exécutif.

Vraies cours et tribunaux serviles, que ces collections d'ambitieuses créatures du pouvoir exécutif, qui toutes, pour lui plaire et monter, ne rêvent qu'à rendre, non des jugements et des arrêts, mais des services ! Par de tels interprétes de la loi, disparait la Démocratie avec son pouvoir constituant, quand par eux la Constitution même, cette loi des lois, n'est pas, moins que les autres, audacieusement dans son esprit dénaturée toujours.

Mais, avec un pouvoir judiciaire indépendant du gouvernemental, directement émané des suffrages populaires longuement et successivement accumulés, sûr gardien de la Constitution, maître de juger sur elle et d'annuler les lois par lui trouvées inconstitutionnelles ; avec un tel pouvoir judiciaire, dis-je, le peuple constituant, toujours en mesure de reviser sa Constitution, devient par là-même, de fait, le vrai pouvoir législatif, ne laissant guère au pouvoir gouvernemental, dans la faculté de légiférer, que celle de formuler, sous le nom de lois, des sortes de règlements d'Administration publique pour l'application de la Constitution. Quant à ces lois secondaires, dont la qualité première est d'être parfaitement applicables, qui peut d'avance en juger mieux que le pouvoir chargé de les appliquer, le gouvernemental ?

Bien que rien n'échappe à la juridiction du pouvoir judiciaire, dans la société nouvelle, et qu'il ait droit d'annuler, par jugement motivé, tous actes et nominations du pouvoir gouvernemental déclarés, après publics débats, contraires à la lettre ou à l'esprit de la Constitution, toutefois, le pouvoir gouvernemental ne s'en meut pas moins, dans sa sphère, avec la liberté la plus complète. Tous ses actes sont réputés légitimes aussitôt qu'accomplis, sans préalable et énervante attente de la sanction du pouvoir judiciaire, et pour tels tenus, tant que celui-ci ne les a point frappés.

Le pouvoir gouvernemental, à la majorité, nomme et révoque à volonté ses ministres, dont le plus âgé préside le conseil. Il lui appartient, de plus, de juger disciplinairement ses fonctionnaires.

Quant au Président investi de l'honneur de représenter le corps social dans les fêtes publiques et les réceptions d'apparat, il est tout désigné dans le Président du pouvoir judiciaire, en sa qualité, comme on verra plus loin, du plus riche en suffrages politiques au cours de la vie recueillis, et tout le temps qu'il en est ainsi.

Sixième colonne

C'est l'octroi des mandats de représentants dans chaque corps social d'un degré hiérarchique quelconque ; et cela, de façon que tous, autant que possible, soient efficaces. Par là s'entend que tout suffrage, autant qu'il se peut, doit utilement concourir à l'élection d'un mandataire ; de telle sorte que, dans chaque corps social, tout parti de quelque importance ait part d'élus à soi.

C'est l'application du système électoral dit de la représentation des minorités, et c'est le seul équitable, tout autre
étant d'un arbitraire monstrueux.

Pour plus de suite dans les travaux, dans toute assemblée gouvernementale, la durée de tous mandats est simultanée. Afin que l'élu soit-tenu dans une juste dépendance de
l'électeur, le mandat n'est qu'annuel ; mais, pour l'encou-
ragement du mandataire et l'accroissement de son expérience, ce mandat est indéfiniment renouvelable. Quant au
votant, il ne dispose, chaque année, que de trois suffrages
électoraux, chacun pour un seul candidat, et de trois votes
constitutionnels, chacun pour une seule constitution.

Les scrutins ont lieu tous dans les poliomérides, ou divisions de la grande commune de la société nouvelle. Chaque
électeur y prend part, deux fois l'an, à quinze jours d'inter-
valle : une fois pour le dépôt de ses trois bulletins électoraux, et l'autre pour celui de ses trois constitutionnels. Les
opérations du scrutin sont publiques et présidées, les élec-
torales par l'autorité gouvernementale, et les constitutionnelles par l'autorité judiciaire. Des trois bulletins électoraux, l'un confère mandat communal ; un autre, mandat
national, et le troisième, mandat mondial enfin. De même,
les trois bulletins constitutionnels concernent, chacun respectivement la sienne, les constitutions revisables de la
Commune, de la Nation et de l'Union.

La période électorale, égale en durée aux mandats,
s'étend à toute une année. De la sorte, quand une période
électorale finit, une autre commence ; et cela, sans interruption et sans fin. Les votations, comme les astres, mar-
chent d'un cours uniforme et constant. Chaque période
électorale a comme son zodiaque, en douze mois divisé, et
dont chacun amène sa double votation. Dans chaque polioméride, ou division de la grande commune nouvelle, la
masse électorale, en douze parts divisée, ne compte dans
chacune que tous gens du même mois, et qui tous, dans ce
mois de leurs naissances, sont appelés à voter, chaque
année, par deux fois tous ensemble.

Pour chaque mensuelle part de votants, le jour des votes
électoraux, c'est le premier jour férié de la première quinzaine : et celui des votes constitutionnels, c'est le premier
jour férié de la dernière. Chaque fois, trois urnes reçoivent
chacune un bulletin de chaque électeur présent ou repré-
senté, et sont la communale, la nationale et la mondiale.

Le nombre des mandataires à élire, communaux, nationaux et mondiaux, est déterminé, proportionnellement à
la population, pour les premiers par poliomérides, pour les

seconds par patridomérides, par géomérides pour les derniers, et l'on verra plus loin, que ce nombre, en moyenne, pour chaque collége électoral, monte à quinze environ.

Ainsi, presque impossible est-il qu'aucun élu sorte de la première mensuelle votation, malgré la probable inégalité d'importance dans les mensuels groupes de votants. Mais les chiffres des suffrages obtenus sont, après chaque votation mensuelle, pour chacun des candidats, additionnés et promptement publiés. Ceux des concurrents qui ont recueilli le nombre requis ou plus, sont dès lors proclamés élus, et mis hors de concours dans les mensuelles votations suivantes. Quant aux possesseurs de suffrages recueillis d'abord en insuffisance, le votant du mois qui suit, a trois semaines, au moins, pour choisir d'entre eux le plus sympathique, et travailler à faire triompher, de son parti, le plus riche en chances de succès. Ainsi sont élus bien avant la fin de l'annuelle période électorale, la plupart des représentants gouvernementaux de la majorité ; mais, plus tardivement, grâce à l'accumulation des voix successivement obtenues dans les mensuelles votations, pas un mandataire à soi ne manque à nul parti de quelque importance.

A la fin de l'année, si pour cause de voix inévitablement perdues, comme en trop données aux élus et en insuffisance aux ratés, le nombre requis pour les premiers n'est pas complet, le ou les vides sont comblés par l'admission d'un ou de deux des concurrents les moins malheureux.

Ainsi, dans chaque corps social, s'élabore une représentation d'élite, où chaque parti fait entrer sa fleur.

L'annuelle élection par douze fractions mensuelles, d'ailleurs, prévient toute fébrile agitation dans le corps électoral, et, sans bouleverser dans leur composition, à tout moment, les assemblées élues, leur fournit mensuellement les plus exactes indications sur l'état de l'opinion publique. De plus, pour une assemblée représentative gouvernementale, le fait d'être tout à la fois, durant la même année entière, en exercice et en période électorale ainsi simultanément occupée, tout le temps, du soin de se faire réélire, et du souci de le mériter par ses actes, constitue bien, pour elle, le plus puissant stimulant à bien faire. Avec cette intime et constante communion, de l'électeur et de l'élu, nul referendum n'est d'ailleurs nécessaire.

Quant aux votations constitutionnelles, c'est-à-dire pour modifications ou non aux constitutions sociales, c'est au plus haut point que l'obligation s'en impose. Il faut ces solennelles manifestations de la souveraineté populaire, pour qu'elle règne réellement ; ses pouvoirs constituants sont ses armes, dont elle ne saurait jamais trop s'exercer au maniement, ni trop user au besoin pour sa défense.

Chaque article de constitution est désigné par un numéro d'ordre, depuis 1 jusqu'à 100 tout au plus, l'on suppose bien. Or l'électeur non revisionniste porte à l'urne constitutionnelle dont il s'agit, un bulletin blanc. S'il est revisionniste, il inscrit dessus tous les numéros d'articles selon lui à reviser. S'il veut un ou plusieurs articles additionnels, il inscrit un ou plusieurs numéros au-dessus du plus haut existant. Tout numéro obtenant majorité des votes de l'année rend son article revisable. Au pouvoir judiciaire d'en préparer et présenter le projet de revision. Au même de préparer et présenter un projet d'autant d'articles additionnels, qu'il y a de numéros excédant le plus haut existant, ayant obtenu la majorité des annuels suffrages.

Exceptionnellement, vu l'importance de la chose, c'est d'un seul coup, en un seul jour, que, présenté au corps électoral constituant tout entier, le projet du pouvoir judiciaire, s'il en est un, est soumis au vote par articles, chacun par son propre numéro d'ordre simplement désigné. Le plus tôt possible, un autre jour, a lieu le vote sur l'ensemble. Ainsi, tous les ans, toute constitution est amendable : faculté nécessaire autant que rare est l'usage qu'il en est fait.

Septième colonne

C'est l'organisation rationnelle de l'assemblée gouvernementale dans le corps social de tout rang, commune, nation ou union universelle.

Or, cette organisation demande, avant tout, dans cette assemblée, le nombre de membres le plus propice à son excellent fonctionnement. Sans être précisément emprisonné dans un chiffre fatal, non susceptible de varier d'une certaine quantité d'unités, ce nombre existe, et, après un sérieux examen, peut être assez judicieusement déterminé.

Mais, d'abord, ce qui n'est pas discutable, c'est que ce nombre heureux, une fois reconnu comme inappréciable condition de l'assemblée gouvernementale la plus haute, ne le devient pas moins de la plus humble. Il n'est pas, en effet, un seul corps social qui, grand ou petit, n'ait droit, pour assemblée gouvernementale, à la mieux organisée pour excellemment fonctionner. Pour ses membres, d'ailleurs, dans la société nouvelle, la grande, puissante et riche commune ne livre pas, à la discussion, un bloc d'affaires moins intéressant, que n'est celui de l'Union même.

Les assemblées gouvernementales no diffèrent, que par la permanence, la fréquence ou la rareté de leur fonctionnement, et par la variable importance des indemnités aux membres.

Union, nations et géantes cités, sauf individuels congés aux membres de leurs assemblées, les exigent à peu près permanentes, quand les communes moindres n'en demandent qu'à sessions périodiques, plus ou moins éloignées.

Pour toute assemblée gouvernementale de degré quelconque, le nombre de membres trouvé le plus voisin de l'idéal cherché, c'est celui de trois cents : c'est celui que désignent de concert l'expérience et la raison.

Ce nombre, il suffit pour représenter dignement, par plus d'une vingtaine de membres chacun, une douzaine de groupes sociaux divers, embrassant presque le corps social entier. Il suffit à fournir des hommes compétents en toutes matières importantes à traiter. Il suffit à communiquer, à l'orateur, la chaleur d'ambiance utile à la vigoureuse manifestation de sa pensée. Il lui permet de se faire à tous bien entendre, sans besoin d'être doué d'un exceptionnel organe, et tient à tous ouvert l'accès de la tribune. Il la soustrait à l'accaparement ainsi de quelques tonitruants et prolixes discoureurs. Il proscrit le tapage, dont il signalerait trop clairement au mépris les auteurs. Enfin il donne à chaque parti la possibilité de contrôler, sérieusement, les paroles et les actes de sa douzaine ou deux d'élus, et fait que leurs responsabilités ne s'aillent point perdre dans la ténébreuse confusion d'une assemblée-immense.

Il est vrai qu'une assemblée de trois cents mandataires pour une commune rurale de dix à douze mille âmes, en moyenne, peut paraître numériquement excessive. Mais qu'importe, puisqu'il faut cela pour son excellent fonctionnement, et que la plus modeste commune, autant que Paris ou Londres, a droit au plus parfait mode de représentation? Qu'importe qu'elle compte à peine, par mandataire, une quarantaine d'âmes, contre Paris une myriade, contre la France cent trente milliers, et contre l'Union, même incomplète, quatre millions ? L'énormité de sa fortune publique, égale à toutes les fortunes privées ensemble, et jointe à l'énormité de la décentralisation, fait, au moindre État communal, une nécessité d'une gouvernementale organisation de tout premier ordre.

D'ailleurs, avant d'être devenu la grande commune de la société nouvelle, le canton français, avec sa vingtaine de communes lilliputiennes, n'offrait-il déjà bien près de trois cents mandataires aussi, dans sa vingtaine de conseils municipaux !

Mais si, pour l'assemblée gouvernementale, le nombre convenable de membres est la condition première d'une rationnelle organisation, une plus essentielle encore, c'est en séance, la réglementation des discours, quant à la durée et quant à la liberté.

Pour la durée de la séance, elle est portée à six heures, dont une pour les votations, tant à mains levées, qu'à bulletins s'il le faut, et à cinq pour les discours, ce qui, pour ceux-ci, ne fait qu'une minute par membre de l'assemblée, mais transmissible par l'un à l'autre quelconque.

Si, par extraordinaire, les votations excèdent une heure, la séance est allongée d'autant, comme, en cas contraire, d'autant abrégée qu'il y a de gain de vitesse. Abrégée d'autant encore est-elle, que de minutes d'oraison ne sont, par les ayant droit, ni employées ni transmises.

Une minute n'est temps qu'à placement d'un mot. Mais trente seulement, transmises par un dixième des membres à l'un d'eux, lui donne une demi-heure la parole, et, de cette longueur, dix discours ont place en une séance. Ainsi sont entendus, s'ils jugent bon, tous les groupes d'opinions. A chaque début de séance, un jeton, le même pour toutes, et porteur de son nom, est remis à chaque membre, lui conférant droit d'une minute à la tribune. Tous ceux à lui transmis et le sien sont d'abord confiés, pour toute la séance, par l'orateur au Président, qui les compte durant que parle le fondé de parole. L'orateur, à tour de demande de parole au Président, monte à la tribune, et parle comme et sur quoi bon lui semble, affranchi du frein des rappels à la question, ce tortionnaire instrument des majorités. L'orateur est seul juge de ce que sa conscience lui fait un devoir de soumettre à ses collègues, comme plus que tout urgent. L'ordre du jour n'en est point bouleversé ; car il est l'œuvre de la majorité, et les questions y contenues, elle a temps et faculté de les discuter et résoudre. Que les solutions seulement en soient un peu moins promptes, tant mieux ! elles n'en sont que mieux mûries ! Du reste, l'orateur peut céder la priorité de son tour.

Ce n'est point contre les paroles de l'orateur que, d'un pouvoir disciplinaire, est armé le Président, mais contre les cris poussés pour les empêcher de se faire entendre. De ses paroles à la tribune, avec autant de liberté laissée, l'orateur doit de l'abus répondre, mais à la Justice et non à la majorité de l'assemblée, son adversaire peut-être. L'assemblée, comme en un prétoire, est tenue de s'abstenir de toute manifestation, jusqu'à fin des débats de la question agitée, sous peine d'en être taxée de juge recusable, pour s'être prononcée d'avance. Si, certain temps, l'obstruction se produit quand même, c'est d'autant que, pour l'orateur, le droit à la tribune se prolonge, comme la durée aussi de la séance.

Le Président et le Vice-Président ne peuvent être élus que par la majorité ; mais c'est par l'assemblée entière que le sont les cinq secrétaires. Cinq votations successives le même jour y pourvoient, avec voix unique par représentant chaque fois. Trois cents voix font l'élu, chaque fois mis hors de concours, après quoi le ou les vides sont remplis par le ou les moins ratés des concurrents.

Huitième colonne

C'est l'enseignement public, obligatoire et gratuit, que doit et donne à tous la société, collectivement par son école, individuellement par sa gazette.

On l'a dit avec raison, la société qui ne s'enseigne pas, ne saurait continuer de vivre. Mais c'est tout entière qu'elle se doit enseigner, pour toute entière se perpétuer la même dans chaque génération nouvelle. Autrement, si la majorité seule s'enseignait, seule elle se ferait revivre, et cette reproduction tronquée de l'ancienne société, n'en serait plus qu'un produit bâtard, qu'un informe avorton.

L'école, dans la société nouvelle, pas plus que l'assemblée gouvernementale, n'est accaparée par la majorité des membres sociaux. Là non plus, ce groupe majeur n'asservit tous les autres, chacun d'eux en participant à la direction, pour une part à l'importance de chacun proportionnée. C'est à tous qu'il appartient d'y faire entrer chacun leur proportionnel contingent de maîtres, pour y donner, dans les scolaires bâtiments publics, des enseignements divers, conformes aux sentiments de leurs patrons respectifs.

Mais la majorité tient en main le pouvoir de donner seule la sanction sociale, et conséquemment les brevets de capacité. Elle a donc droit d'exiger, chez les maîtres, suffisamment de doctrine, et de doctrine qui, naturellement, soit la sienne. Elle a, par là même, le droit de veiller à ce que cette doctrine soit par eux enseignée, et par leurs élèves apprise, mais c'est là tout. Ces maîtres, hommes libres, tenus de cet enseignement et non de son approbation, ont même plein droit de le critiquer, en tout ce qui choque leur raison et leur conscience, et rien n'y saurait contredire.

Le maitre, dans sa classe, l'est de son enseignement comme le rédacteur dans son journal, tenu, pour tout, d'en répondre à ses patrons, et, pour la moralité, à la Justice.

C'est qu'il n'est nullement nécessaire que, pas plus que l'homme, l'enfant tienne pour infaillibles la science et les opinions de la majorité sociale, qui n'a que droit d'exiger qu'il en soit instruit, afin de s'en faire bien comprendre et obéir dans la lettre et l'esprit de ses lois. Né pour vivre dans l'éternel conflit des opinions, n'y pouvant même être complétement soustrait d'abord, le mieux est de commencer par l'y faire, pendant que, contre le vertige du scepticisme, le soutiennent les maternelles lisières de la famille. C'est celle-ci qu'en son sentiment toujours suivra l'enfant sans doute. Mais, et de longtemps connaissant, adulte devenu, le pour et le contre, il saura mieux, sans trouble moral, en décider du choix.

Ce n'est point en ingénu, d'ailleurs, que la Démocratie entend élever l'enfant jusqu'à quatorze ans par elle instruit aussi bien qu'un fils de roi, et qui, non moins intelligent qu'un prince, prince réputé capable, à cet âge, de gouverner un Etat par sa parfaite connaissance de toutes les opinions, pas plus que le royal rejeton, n'est corrompu par le savoir.

Pas de neutralité possible entre l'enseignement libre et l'officiel, dont leur tient lieu, pour la paix, la faculté de se contredire au besoin : cas où, chez l'enfant, le libre sème sûrement pour le présent, l'officiel pour l'avenir peut-être. Quant à la foi morale, cette vie de l'âme, en cas de contradiction dans les deux enseignements, celle de l'enfant sous maîtres croyants, n'est pas plus par l'officiel étouffée, que, par l'audition du blasphème impie, ne l'est sa croyance en Dieu. La nature, en faisant l'enfant faible et sans grand discernement, l'a fait essentiellement crédule et docile envers ses parents et les préposés à sa direction, que presque infailliblement il suit envers et contre tous. Aussi, combien plus vrai que, tel maître tel valet, l'est-il de dire : tel maître tel enfant.

Les écoles, dans chaque Etat de degré quelconque, sont tout à la fois publiques et libres, et fondées pour un double enseignement : l'uniforme ou de majorité, et le divers ou de groupe particulier. Mais l'enseignement de groupe ou de famille, primordial par essence, demeure le fondamental. C'est sur ses assises que l'uniforme ou officiel vient se superposer comme couronnement. En d'autres termes, et

pour mieux caractériser encore l'union des deux enseignements, disons que, dans l'espèce, l'enseignement de famille
est le sauvageon dont l'officiel est la greffe. Disons, en un
mot, que c'est au maître d'enseignement particulier, qu'il
appartient de donner l'enseignement officiel ; car, autrement, qui donnerait le particulier ?

Les écoles sont publiques dans chaque État, comme étant
par lui-même établies, rémunérées, inspectées, et tenues de
donner l'enseignement par lui prescrit, l'officiel pour mieux
dire, en n'employant, pour cela, que des maîtres par lui
brevetés. Mais elles sont libres, en tant que leurs maîtres
n'y sont point préposés par la majorité de l'assemblée gouvernementale, nommés qu'ils sont, pour chacune de ces
écoles, par un groupe différent de cette assemblée, groupe
de membres sympathisant, en la matière, d'opinions et de
sentiments.

Elles sont libres surtout par la faculté complète, au maître laissée, non-seulement de donner, à côté de l'obligatoire
officiel, un enseignement particulier, à celui-ci plus ou
moins contradictoire ; mais encore de faire de l'officiel,
tout en l'enseignant dans toute l'étendue requise, la criti-
que qu'il lui plaira, comme de présenter le sien, résolument, pour seul de bon aloi.

Il faut que l'élève soit bien pourvu de savoir officiel,
puisque telle est la matière à délivrance officielle de brevets d'étude et de capacité. Mais il est de nécessité, pour la
Démocratie, qu'il soit formé, de jeune âge, à la mâle indépendance de l'esprit ; formé, de jeune âge, à soustraire
résolument sa pensée à l'abrutissante dictature de la majorité, majorité faite pour commander à ses actes, mais justiciable de sa raison.

Qu'entre les deux enseignements, professés par tous
maîtres de choix et d'autorité morale insigne, celui du cru
du maître soit, presque toujours, des élèves d'abord pré-
féré, c'est certain. Mais c'est dans le cerveau les deux,
que dans la vie active plus tard ils entreront, ainsi mis à
même de choisir, sciemment, selon eux le meilleur, s'ils
n'aiment mieux dans les deux butiner.

L'enseignement du maître, d'ailleurs, ou d'un groupe,
minorité minime et non investie d'aucun commandement,
ne saurait, au lâche asservissement à ce groupe, façonner
les esprits ; tandis que l'enseignement officiel ou de la majorité, cette souveraine absolue, s'il était sans contre-poids,
les formerait à s'aplatir devant elle, jusqu'au dernier degré
de l'avilissement. Alors c'en serait fait de la Démocratie,

gouvernement si haut, qu'il ne saurait s'asseoir sur des esprits si bas.

C'est ainsi que, dans la société nouvelle, on élève, non des ingénus en troupeau de Panurge, mais de futurs maîtres du Monde, en dignes arbitres des mondiales destinées.

Il est vrai que les premiers éléments de l'enseignement primaire, dans la société nouvelle, se donnant dans les poliomérides, ou divisions de sa grande Commune, divisions à peu près correspondantes aux paroisses de la France ancienne, ne sauraient guère, pour les campagnes, se prêter à la formation d'écoles en groupes divers, faute de population suffisante. Mais il n'importe, vu le peu de développement et de consistance encore de l'esprit des bambins. C'est qu'en effet, à partir de huit ans jusqu'à quatorze, c'est au chef-lieu que, dans la grande commune rurale, l'enfant reçoit le complément de la primaire instruction.

La grande commune démocratique est riche, et, pour l'enfant, en fait d'instruction, ce pain de la Démocratie, rien ne lui semble coûter.

C'est ainsi que, dans toute commune rurale de la société nouvelle, commune d'une moyenne étendue à peu près égale à celle de l'ancien canton français, un petit railway relie, au centre communal, chaque centre de polioméride. La distance est ainsi d'environ quatre kilomètres en moyenne. Ce petit railway, en partie défrayé par ses services au public, transporte gratuitement, le matin, l'enfant à l'école, qui gratuitement le dîne et le rend, le soir, au railway pour gratuit retour.

De chaque sexe, huit à dix écoles, chacune à triple classe au moins, par commune rurale moyenne, s'ouvrent au centre groupées, toutes égales, de succès rivalisant, et dont chacune, stimulée par son particulier et tutélaire groupe de représentants communaux, pousse, jusqu'à la rendre incroyable, la culture des jeunes esprits, pour la gloire et la perpétuation de la Démocratie.

La Démocratie, grâce à la vertu souveraine d'un enseignement, ainsi fait de concurrence vivifiante et d'unité dans la variété, devient tellement capable, plus que tout au monde, de se merveilleusement gouverner, que les populations, d'un tel régime idolâtres, ne sauraient plus souffrir, sans horreur, l'idée qu'à nul autre il fît place jamais. Sur sa capacité, se disent-elles, son éternité repose; car, hommes ou peuples, tous souverains incapables sont voués à la déchéance, et, rois fainéants, fatalement détrônés par leurs Maires du Palais.

Mais, pour la Démocratie, ni l'exellence de l'enseignement primaire à tous, cette nécessité première, ni la hauteur du secondaire aux exceptionnellement intelligents, ni la sublimité du supérieur aux phénix des jeunes esprits ne suffisent encore.

La Démocratie, non moins impérieusement que des écoles publiques polygènes, exige sa polygène gazette publique ; car, autrement, comment ne serait-elle pas le plus monstrueux des mensonges ? Comment donc le collectif souverain, le peuple, exercerait-il sa souveraineté, si chacun de ses membres n'était journellement informé, d'une façon sommaire, mais authentique, de ce que ses mandataires, envers lui responsables, plaident, votent, jugent et font exécuter en son nom ?

Or une telle information, dans la société nouvelle, c'est la tâche de la gazette publique, dite polygène, parce qu'ont part chacun, à la dispensation de ses colonnes, tous les groupes divers de la même assemblée gouvernementale, ainsi qu'ils ont part chacun, à la nomination du scolaire et polygène corps enseignant.

Cette gazette est mise à la portée de chacun des membres communaux par la commune. On dit à la portée, et non aux mains, parce qu'un exemplaire par tête causerait trop de frais, et qu'un suffit pour sept.

A cet effet, les membres de chaque commune sont divisées en sept parts, dites *hebdomaderies*, dont chacune comprend tous ceux nés le même jour de la semaine, et qui seuls, la semaine durant, reçoivent la gazette le jour hebdomadaire de leur naissance. Ainsi sont réduits, des six septièmes environ, les exemplaires et les frais. Cinquante-deux exemplaires ainsi par tête et par an, au prix de revient d'un grand journal, ne coûtent guère qu'un franc cinquante : minime dépense que vient bien plus que compenser, d'ailleurs, le gain moral d'un inappréciable moyen de mutuel perfectionnement social.

Les feuilles du lundi, par exemple, reçues par l'hebdomaderie de ce jour, se trouvent infailliblement communiquées, de proche en proche, aux membres des six autres, les membres de toutes étant si bien, sur tous points du sol, ensemble confondus. Même communication des feuilles du mardi ne saurait, pas plus, manquer de s'opérer sûrement à tous, de la même façon toujours, et de même en est-il pour celles des cinq autres hebdomaderies.

Or, par cet échange assuré, quoique libre pour rester cordial, d'imprimés politiques quotidiens, et de quotidiennes appréciations à leur sujet, se trouve ainsi naturellement fondée, comme une immense et féconde école mutuelle de social enseignement.

Dussent, d'ailleurs, quelques membres peu sociables se dérober à ce commerce si démocratisant, assez de pères de familles nombreuses en jeunes enfants, recevant pour ceux-ci des gazettes pour eux superflues, en ont, par compensation, à communiquer plus que suffisant, pour combler les vides ainsi faits dans la facultative transmission.

La gazette publique et polygène, gratuitement reçue, sous bande unique, est en réalité de trois composée : celle de l'Union, celle de la Nation et celle de la Commune. Cette triplicité consiste dans trois feuilles égales de quatre pages chacune, feuilles dont une mondiale, une nationale, et communale la troisième, ne donnent, ensemble, que l'ampleur d'un journal de belle grandeur.

Des quatre pages venant de tout État d'un quelconque des trois rangs divers, la première est remplie par le compte-rendu analytique de la séance du jour, tenue par l'Assemblée gouvernementale du corps social respectif. Là se mesure, à chaque discours, pour son succinct résumé, place proportionnelle à sa durée en séance ; et, pour garantie d'impartialité dans cette analyse, c'est sous la dictée même de l'auteur, ou sous son contrôle, qu'elle est faite toujours.

Comme il est des jours sans séance dans toutes les Assemblées gouvernementales, bon nombre dans les communales même les plus importantes, et quantité des neuf dixièmes et plus peut-être dans les petites, la page restée blanche, faute de compte-rendu, demeure à remplir par les groupes divers d'élus gouvernementaux, pour parts proportionnelles à l'importance de chacun, et pour choix, à volonté, de communications à leurs commettants.

La seconde page de la gazette, pour corps social quelconque, appartient tout entière à la majorité de l'Assemblée, pour la communication à ce corps de tous actes et documents officiels quelconques : lois, règlements administratifs, nominations de fonctionnaires principaux, publications d'élections, comptes-rendus de recettes et dépenses, renseignements sur entreprises gouvernementales et tous événements de quelque public intérêt.

Quant à la troisième page, elle est toute à la disposition du Pouvoir Judiciaire, cette assemblée indépendante de la gouvernementale, et du peuple également élue : page destinée à l'insertion résumée des débats devant elle, des jugements par elle rendus, des dépouillements de votes constitutionnels, des constitutionnelles révisions décidées, formulées et, s'il y a lieu, définitivement acceptées.

Enfin, la page quatrième et dernière reste réservée, totalement, aux élus gouvernementaux, pour être divisée entre leurs groupes divergents, proportionnellement à chacun leur respective importance : page destinée à l'exposé des choses, selon eux, les plus intéressantes pour leurs mandants.

La Nation reçoit, imprimées, les quatre pages fournies par l'Union, mais en un seul exemplaire, qu'elle fait, à milliers, réimprimer pour ses milliers de communes. Pour chacune de celles-ci, ce sont douze pages ensemble à fournir, dont huit à réimprimer pour l'Union et la Nation, plus les quatre siennes, le tout pour être par elle, quotidiennement, sous bande unique, à chacun de ses membres de l'hebdomaderie du jour, nominativement adressé.

Ainsi la population humaine, depuis le berceau jusqu'à la tombe, l'esprit inondé de lumière, et montée à la hauteur de vraie terrestre puissance suprême, ne saurait faillir à ses sublimes destins, qui sont, en se gouvernant virilement elle-même, d'atteindre au comble et de la perfection et du bonheur.

Neuvième colonne

Ce n'est rien moins que le grandiose établissement, par la société nouvelle, d'une démocratique et sublime noblesse, vraie quintescence de la race humaine, non héréditaire, et pure et directe émanation de populaires et politiques suffrages, sur même noms, par les scrutins et le temps, en masse accumulés.

Eh ! qu'on n'aille pas s'étonner d'une aussi merveilleuse institution, comme création de la Démocratie ! Plus que toute autre au Monde, a besoin de prestige la souveraineté populaire, besoin de s'entourer de radieuses illustrations, qui, par leur éclat, en rehaussent la majesté, et qui, de haut, en enseignent le religieux respect. Pas plus qu'aucun monarque au Monde, le peuple-roi ne doit abdiquer, royale par exellence, sa faculté d'anoblir l'élite de ses serviteurs : sa grandeur s'en étaye, tel l'Atlas de ses conforts.

Ainsi la société nouvelle a ses blasons, tous de l'urne électorale sortis éblouissants. L'anobli tirant sa qualité de l'accumulation des votes politiques, en nombre suffisant, avec le temps réunis sur son nom, c'est l'urne seule qui, dans la société nouvelle, enfante les gentilshommes.

Tout suffrage conférant mandat gouvernemental, ou donné dans ce but, qu'il s'agisse d'Union, de Nation ou de Commune à gouverner, a même valeur toujours ; et tels tous, à qui les recueille, sont comptés comme égaux, n'étant chacun ni plus ni moins, qu'un certificat de mérite, délivré par un seul citoyen.

Vieux ou récent, d'ailleurs, n'en vaut encore ni plus ni moins le suffrage ; et c'est dans cette égalité même, que, du présent système d'anoblissement, réside surtout la morale vertu. Car l'homme surtout digne d'être fait gentilhomme, c'est bien celui qui, tout au long d'une déjà longue carrière, a recueilli, de la part de ses concitoyens, une multitude de mandats, maintes fois réitérés, pour les représenter. L'on sait trop, en effet, combien parfois les faveurs de la population sont inconstantes et risquées, et que leur continuité, le mieux, en justifie au même objet l'octroi.

Il faut que la démocratique noblesse, ce corps formé, généralement, par la longue et mûre élaboration de chaque élément durant plusieurs lustres successifs, tranche, par l'impassible fermeté de son esprit, sur les impressionnables et trop mobiles esprits populaires. Aux nobles de la Démocratie, enfin, il faut être presque plus que des hommes, puisque c'est dans leurs rangs que doit se recruter de droit, avant tout, l'auguste Pouvoir Judiciaire.

Un nombre trop faible de politiques suffrages ne donnent point la noblesse, mais bien rang parmi les notables, à moins d'être dans les infiniment petits : notables auxquels appartient de droit la faculté de faire, à défaut de nobles, et par appel de rangs, partie du Pouvoir ou Assemblée Judiciaire.

Dans chaque Commune nouvelle, un livre tenu par le Pouvoir Judiciaire lui-même, et nommé le communal *livre d'or*, est ouvert à l'inscription de tous les suffrages politiques de degré quelconque, numériquement à part indiqués, pour chacun des membres communaux auxquels respectivement ils appartiennent.

Chaque Nation, pareillement, possède son national *livre d'or*, où sont inscrits tous les suffrages obtenus par chaque citoyen, dans les communes de cette Nation, lors des élections des mandataires nationaux. Ce livre est aussi tenu par le Pouvoir Judiciaire, mais National, chargé de transmettre, à celui de toute Commune ayant citoyen favorisé du scrutin, le nombre de voix obtenues par le ou les intéressés.

A l'Union de même est son mondial *livre d'or*, pour l'inscription de tous suffrages obtenus, dans les élections de mandataires mondiaux ; et c'est le Pouvoir Judiciaire encore, mais mondial, qui le tient, et fait parvenir au Pouvoir Judiciaire de chaque Nation ayant citoyen favorisé, le nombre de votes afférents à chacun de ces intéressés. Le Pouvoir Judiciaire national, de son côté, sur son propre *livre d'or*, inscrit ces résultats, et pour être également inscrits sur ceux de toutes communes intéressées, en fait communication à leurs Judiciaires Pouvoirs.

Le Pouvoir Judiciaire communal, après avoir fait, pour chacun des membres communaux plus ou moins favorisés de suffrages politiques, tant du dedans que du dehors, addition de tous ceux obtenus quelconques, lui assigne, en vertu du nombre, le rang qu'il doit occuper dans les notables ou les nobles de la commune. Dans ce dernier cas, sont pour chacun spécifiés le titre, l'insigne et la dotation. Quant au notable, il n'a droit qu'à l'insigne, si toutefois il a rang suffisant.

Pour la dotation aux nobles de la Démocratie, ces grands dignitaires du régime, elle s'impose à son prestige, qui lui défend la folie d'aller greffer sur la pauvreté ses honneurs.

Au rang de gentilshommes il est élevé, par la société nouvelle, dans les communes au-dessous de cinquante mille âmes, un membre par deux mille, avec deux mille francs de dotation. C'est un par quatre mille, que possèdent les communes de cinquante mille âmes jusqu'à cinq cent mille, avec dotation de quatre mille francs; et c'est avec huit mille francs de dotation qu'un noble, par huit mille citoyens, est possédé par les géantes communes de cinq cent mille âmes et au-dessus.

Les chiffres ici donnés ne sont, bien entendu, que des moyennes, pour deux raisons. La première, c'est que les communes, souveraines dans leurs sphères locales, peuvent faire varier les dotations entre elles; la seconde c'est que, dans ces dotations, il y a graduation, non moins que dans les titres et les insignes.

Mais, non moins que la Commune, la Nation s'honore de titrer, décorer et doter une noblesse dite nationale, à raison d'un gentilhomme par deux cent mille habitants, comme d'annuel coût moyen de vingt mille francs. C'est là, pour la France, dans la société nouvelle, deux cent cinquante écus pour cinq millions.

Enfin, l'Union se fait honneur aussi d'une riche exhibition de mondiaux blasons, dont les titulaires princiers, sans qu'encore au grand complet soit l'humanitaire corps social, à raison d'un par deux millions de membres, sont cinq cents, et par elle chacun dotés, en moyenne, de cinquante milliers de francs. Là d'ailleurs, ainsi que dans la Nation et la Commune, il y a graduation de dotations et d'honneurs.

Ainsi, d'ailleurs, que les nobles communaux dans la commune, et les nationaux dans la nation, sont de droit nobles mondiaux dans l'Union, les plus riches en politiques suffrages là de tout temps recueillis.

Toutefois, si l'anobli. plus tard, est dépassé par un plus riche en voix, l'ancien n'est, non plus qu'éliminé du corps, point pour cela de rang descendu. L'autre, plutôt, attend pour monter.

Quant aux nouveaux titres nobiliaires, la société nouvelle les a voulus qualifiés par de numériques appellations, rappelant, autant que possible, le nombre des suffrages obtenus. Telles sont. pour l'homme : kiliador, myriador, decamyriador, hectomyriador, kiliamyriador ; et, pour la femme, soit : kiliadora, myriadora, etc., comme honorée ainsi du titre marital ; soit : kyliadorine, myriadorine, etc., comme elle-même personnellement titrée.

Mais, peut-on dire, ce n'est presque jamais qu'à l'âge déjà mûr ou plus encore avancé, qu'on a chance d'atteindre à la noblesse. Tant mieux, est-il répondu, si vient, à l'éclat du mérite, de la sagesse ainsi se marier l'auréole : de tels favoris du peuple n'en sauraient ainsi faire que plus d'honneur à la Démocratie. D'ailleurs, à combien plus d'illustrations sont ouverts, par là, les rangs de la noblesse, des mêmes moins longtemps remplis !

Dixième colonne

C'est l'auguste origine du Pouvoir Judiciaire, qui, faute d'émaner du Ciel, le doit du sein le plus pur de la Terre: celui de la pure Démocratie, aux redoublées votations concordantes, longuement élaborées et mûries.

Comme le Pouvoir Gouvernemental, son jumeau, le Judiciaire est le direct produit des populaires suffrages, mais suffrages bien autrement probants, généralement, en faveur des élus, par leur longue persistance à s'y donner tour à tour. Sur ces élus d'élite, la lente accumulation de votes de confiance et d'estime, continuellement réitérés au cours d'années nombreuses, leur vaut le beau témoignage d'être des hommes éprouvés, et sûrement honorables, pour avoir si longtemps mérité d'être honorés.

Ainsi Pouvoir Judiciaire et Corps de Noblesse ont-ils, absolument, même mode de recrutement l'un et l'autre ; et telle est la raison du rapprochement. ainsi fait, de ces deux jumelles colonnes du nouveau social édifice.

Dans chaque corps social. communal, national ou mondial, le Pouvoir Judiciaire, ce laïque sacerdoce demande, comme noviciat. l'obligatoire et long passage de ses membres par le Gouvernemental Pouvoir. C'est une garantie commandée par la sublimité de ses multiples fonctions, à lui, gardien et suprême interprète de la Constitution, seul investi du droit d'en formuler les amendements, tuteur des mœurs, des vertus sociales, et de toutes traditions compatibles avec le progrès.

Ce passage par le Pouvoir Gouvernemental, c'est bien de là, qu'à l'instar de la Noblesse, le Pouvoir Judiciaire, dans la personne de chacun de ses membres futurs, tire uniquement son existence. Leurs seuls titres à la judicature, c'est de compter, de suffrages recueillis dans toutes votations politiques de tous temps, le nombre le plus grand parmi tous les élus. Aussi, n'est-ce que de gentilshommes, ou, faute d'eux, de notables, que se recrute le Pouvoir Judiciaire, à commencer par les plus hauts.

Ce sont ceux-là qui, de plein droit entrent, s'il leur plaît toutefois, comme membres au Pouvoir Judiciaire. Entrée trois fois bénie, qu'une aussi pleine de suprême indépendance, due qu'elle n'est guère alors même aux vivants, mais en grande partie, le plus souvent, à des votants qui ne sont plus !

Ce Corps Judiciaire se fait honneur ainsi de ressembler, par le plus beau des côtés, au plus admiré de l'Antiquité tout entière, à cet Aréopage si fameux, où de droit entraient, au sortir de charge, les membres du gouvernement d'Athènes, les Archontes.

Ainsi, du Pouvoir Judiciaire, tous les membres connaissent les lois, puisque tous ont commencé par être législateurs, et, comme tels, tous longtemps vécu. D'ailleurs, c'est en assemblée plénière que sont jugées toutes affaires d'extrême importance ou gravité, comme les appels de sérieuses encore, et là, pour surcroît de lumière, place est faite aux plaidoieries du barreau.

Quant à la quantité de membres de l'assemblée judiciaire, on a trouvé, comme pour la gouvernementale, qu'il en est une plus convenable qu'aucune autre, et d'un chiffre approximativement déterminable : celui d'un cent. Or, cette numérique condition d'un excellent fonctionnement, désirable pour toute assemblée de ce genre, quel qu'en soit le rang, s'est à toutes étendue. Si l'assemblée gouvernementale, elle, veut un nombre triple, c'est pour y puiser la chaleur favorable à l'éclosion de ses projets ; mais le flegme, bien plutôt, à l'assemblée de juges est nécessaire, et bien moindre proportion lui suffit.

Avec ses cent membres, elle trouve en elle-même assez de lumière et de majesté, comme aussi de garantie, pour chacun de ces membres, contre la crainte d'une trop forte part de responsabilité. Pour cette crainte, c'est au juge communal surtout, qu'il importe d'en être affranchi, lui qui prononce en dernier ressort dans un moindre rayon, plus proche ainsi des possibles vengeances.

A l'assemblée judiciaire, selon son rang, d'établir cours ou tribunaux, pour causes non à elles réservées, comme d'aussi former, de ses propres membres, les commissions voulues pour étude et rapport de toute affaire à préalablement ment éclaircir.

Tout membre du Pouvoir Judiciaire, sans déduction de ou sur sa dotation s'il est noble, est payé soit à l'année, soit à la séance : à l'année par l'Union, la Nation ou la cité géante ; à la séance, par les autres communes.

Enfin, s'il se rencontre matière à procès entre la commune et l'un quelconque de ses membres, c'est, des communes à celle-là contigües, à la plus populeuse qu'il appartient de le juger. De même en est-il, d'ailleurs, de tout litige entre toute commune et sa Nation, dont la plus puissante de ses voisines devient de droit juge du litige.

Après cela, si le Pouvoir Judiciaire, de la sorte constitué, de la sorte placé dans des conditions inouïs d'indépendance, de considération noblement acquise et d'indicible dignité ; si ce Pouvoir n'est encore de nature ni de taille à protéger les droits de tous, même contre les majorités les plus impatientes du frein sacré du droit ; si lui, l'orgueil de la Démocratie ; si lui, le produit quintescencié des votations populaires ; si lui, terrestre Providence, ne se montre à jamais à la hauteur de sa mission sublime, c'est donc que de la Justice, sur Terre, le règne n'est qu'une utopie !

Onzième colonne

C'est, dans les divers corps sociaux, l'organisation de la force armée : force de terre et de mer, de terre pour tous, de mer pour la seule Union.

L'on comprend assez combien la formation de l'Union Universelle, quoique non tout-à-fait entière encore, a réduit le besoin de colossales forces militaires, en supprimant les guerres entre les nations, et bornant le rôle des militaires à conjurer ou réprimer les troubles intérieurs : individuelles et collectives violences, révoltes et insurrections.

Toutefois la société nouvelle veut être puissamment, sûrement et promptement défendue, c'est-à-dire par une force armée formidable encore par le nombre, bien disciplinée et toujours prête à marcher. Mais ce n'est plus là ce débordement d'hommes armés offert par la vieille Europe, soldats, marins, gendarmes, douaniers, gardes municipaux et champêtres, à raison d'un et plus par cinquante habitants. A la société nouvelle, c'est trois fois moins qui suffisent : un au plus par cent cinquante, avec moitié moindre dépense. A ce compte, la France de 1900, alors la plus écrasée du faix militaire, n'eût eu d'armés, que deux cent soixante mille hommes, et, prix du temps compris, ainsi bénéficiait d'un grand demi-milliard.

Point de camps pour les troupes, et pour peu, des casernes. Toutes places fortes sont rasées, et tous magasins à munitions épars. Chaque commune, en juste proportion, entretient son contingent de défenseurs de toutes armes, organisés pour, au besoin, marcher au mieux tous ensemble, et tous citoyens de la communale petite patrie. C'est ainsi, pour une modeste commune d'une douzaine de mille âmes, une soixantaine de militaires à pied, une quinzaine de chevaux, plus un canon.

Point de troupes directement entretenues par la nation. Toutes celles des communes, au besoin, sont à ses ordres. Mais, pour le cas d'une forte concentration de troupes communales contre quelque considérable insurrection, les communes, sauf les grandes villes, n'ayant point d'officiers supérieurs, c'est à la nation d'en fournir pour encadrer les communaux contingents ; et cela, à même un assez nombreux corps de haut gradés, au centre national entretenus, et nécessaire, d'ailleurs pour inspections, revues et manœuvres d'ensemble.

De même l'Union, pour encadrer les troupes de terre à fournir, au besoin, par les nations à la défense de l'ordre mondial lui-même, entretient un corps d'officiers plus hauts encore et moins nombreux de beaucoup, en prévision d'une insurrection possible, mais trop vaste pour être probable. L'Union, quoique en plein droit de commander, comme à toutes, aux troupes de terre aussi, n'ayant guère à présumer l'occasion de le faire, ne s'en occupe, en général, ni pour l'inspection, ni pour la manœuvre. Toutefois, exceptionnellement, elle dispose encore d'assez nombreux petits corps de troupes de terre, dissiminés dans maints coins du Globe restés colonies, les populations en étant trop peu civilisées, pour qu'elle puisse se les incorporer encore.

Quant aux conditions du service militaire, elles ne diffèrent guère de celles des autres services publics, qu'en un point : l'engagement de servir un an encore après démission non acceptée, précaution contre la tentation de fuir le péril. Comme les autres fonctionnaires, le militaire est nommé par le Pouvoir gouvernemental de la commune, pour toute sa carrière d'activité, avec traitement légal et retraite de même.

Ainsi le corps social se procure un excellent soldat de métier, qui, seul, en vaut trois de circonstance, et pour le maintien de l'ordre, et pour le combat.

La société nouvelle tiendrait pour crime de lèse-humanité d'appeler à sa défense des novices dans l'art militaire, trois fois plus faits pour donner, et recevoir la mort. Elle n'entend confier ses armes qu'aux mieux en état de s'en servir : qu'à ceux dont l'expérience et la décision, ces ailes de la victoire, la font prompte à ne presque laisser temps, ni de tuer ni de mourir. Qu'importe qu'ils soient pères de famille la plupart, puisque leur action foudroyante sur les rebelles, épargne ainsi des deux côtés les vies, et que la société nouvelle préfère fournir du pain aux orphelins, qu'à la mort des massacres.

De soldats de profession, d'ailleurs, mieux que de conscrits d'un jour, la Démocratie fait son égide. Les premiers lui doivent tout, à elle, cette puissance souveraine du plus grand nombre, ou des faibles : des femmes, des enfants, des vieillards. Les seconds, eux, ne lui devraient rien, en droit même qu'ils seraient de lui reprocher la gratuité de leurs services, en rêvant sa destruction peut-être, pour relever la dure aristocratie des forts, ou des adultes mâles.

Mais, si c'est de profession que la raison et l'humanité réclament les soldats de terre, avec combien de fondement plus encore n'exigeaient-elles des militaires marins de métier ? Au service de la seule Union tous, et dès lors, sans adversaires belligérants, sans presque autres ennemis que la mer, ses écueils et ses fureurs, combien ne leur importe-t-il de les connaître à fond pour s'en défendre, et cela, par toute une vie de périlleux apprentissage ?

A l'Union seule, en effet, appartient entier l'Empire des mers, son mondial domaine et son berceau. Comme Vénus de leur écume, elle est née du sein des flots. C'est là que, de sa création, la nécessité fut conçue. C'est là que se révéla cette fée, dont la baguette allait transformer le Monde.

Le Monde, ouvrant enfin les yeux, vit, dans l'Union, l'exterminatrice du plus formidable des terrestres fléaux, la mondiale anarchie de cet universel déluge de flottes de guerre, partout et toujours se croisant menaçantes, et prêtes à se foudroyer. Mais l'Union, qu'enfanter n'avaient pu tant de siècles encore, n'étant pas de ces sociétés qu'on fonde ou détruit dans un jour, c'est par un embryon qu'elle dut commencer, autrement dit une maritime fédération du gros des nations.

Ce qui la hâta surtout, ce furent les hauteurs, et plus encore les vexations incessantes de la plus formidable des maritimes puissances, humiliations qui finirent par lasser les autres, et par inspirer, pour s'y soustraire, la formation d'une maritime fédération à la plupart d'abord.

Par la force des choses, celle-ci se transforma vite assez en Union, qui, mondiale devenant, s'ouvrit même à l'ancienne dominatrice des ondes. Dès lors inutiles, les monstres cuirassés cessèrent d'écraser de leur poids les mers, et les peuples de leurs coûts archi-fous. Une efficace police mondiale, moins onéreuse vingt fois, vint remplacer, pour jamais, le sanglant et ruineux chaos. Trois cents navires de guerre, les seuls au Monde désormais existants, sous cuirasse légère, petits, effilés et rapides, vont maintenant, à tous Océans et mers, partout porter la protection de l'Union, et partout assurer le règne absolu de ses lois, pourchassant fraude, auteurs d'abordage et piraterie.

L'Union a seule la possession de tous les ports militaires et arsenaux du Monde, et tire, de son mondial Empire maritime seul, un revenu supérieur à son budget des dépenses.

C'est que si son devoir est de pourvoir la navigation commerciale, de toutes les possibles garanties de sécurité dans son humide Empire, il est juste qu'elle en soit rémunérée, non moins que de l'usage, par elle autorisé pour pêche et parcours, de ce domaine lui-même.

Aussi se crée-t-elle un juste et, pour elle, plus que suffisant revenu, par la rétribution perçue de ses services, et des permis d'user de ses possessions. Produits de canaux interocéaniques, de télégraphes sous-marins et de taxe de tonnage, telles en sont les branches les plus fécondes : la dernière surtout, dont jamais, en fin de siècle dix-neuvième, nul n'eût osé présumer l'exorbitante importance.

Tonnage vraiment fabuleux, que celui d'aujourd'hui ! Pour toutes les marines commerciales du Monde, ce qu'il faut maintenant nombrer, en mètres cubes de déplacement, ce ne sont plus, comme en 1900, trente millions à peine, mais bien cent millions et plus.

Aujourd'hui, chaque terrestre région, justement confiante dans l'assuré nivellement, par la liberté du commerce, de tous les produits du Monde, compte pour s'approvisionner, tout aussi fermement que sur les siens, sur ceux des antipodes. Aussi chacune, chez elle, n'exploite-t-elle que ce qui rend en abondance, aux vides des autres versant son trop-plein, et remplissant les siens du trop-plein des autres.

Douzième colonne

C'est la colonne sacrée, qui, dans cette esquisse du nouvel édifice social, aurait dû figurer la première, si les sommaires et préalables tracés des autres n'eussent semblé, la plupart, propres à faire mieux saisir le sommaire tracé de celle-ci.

Cette colonne sociale par excellence, c'est l'organisation démocratique des rapports naturels entre les cultes et la société civile.

Ces cultes organisés ainsi comprennent, seuls, ceux dont les adhérents présentent une numérique importance assez grande encore, importance limitée, par la société nouvelle, au dixième de la communale population. Quant aux cultes moins riches de fidèles, pourvu qu'ils respectent la morale, on leur accorde, sans rien de plus, la liberté.

Non moins hautement que ses ancestrales sociétés, la nouvelle professe que la morale est son âme, âme que la seule Religion, par ses cultes publics, puissamment vivifie. Elle proclame, à la face de l'Univers, que, faute des cultes, ses éternels et merveilleux nourriciers, la morale serait atteinte bientôt du plus irrémédiable dépérissement. La conscience humaine, alors, abandonnée de son guide ainsi défaillant, par les passions aveuglée, finirait par ne guère plus distinguer le bien du mal, en livrant le Monde au débordement de tous les désordres.

Mais, ce pain quotidien de la morale sociale, cet enseignement des cultes, il doit être rompu, selon la société nouvelle, également entre ses deux parts, l'Individualisme et la Communauté. Aussi les cultes, chez elle, sont-ils à la charge des deux à la fois: et telle est la double essence, l'essence idiocénique de la colonne sacrée.

Dans la société nouvelle, sont à la commune tous les temples des cultes publics divers, et c'est gratuite qu'en est laissée la jouissance au sacerdoce, à charge d'intérieur entretien. Le sacerdoce, dans la commune, est ou non multiple, selon que multiple ou non s'y trouve la foi religieuse. Mais, toute doctrine religieuse, adoptée par au moins un dixième du communal Etat, a droit à la publique installation de son culte. Aller plus loin eût semblé risque d'extravagance.

On tient le sacerdoce pour un corps *sui generis*, dont ni recrutement ni promotion n'admettent de profane ingérence : sa doctrine est faite pour descendre au peuple, non pour en monter, de même que lui pour, librement, la repousser ou la suivre.

Comme étant au service, tout à la fois, et de la Communauté sociale, et du social Individualisme, le sacerdoce ne reçoit, de la première, que la valeur d'un demi-traitement. A lui le soin de pourvoir au reste, en rémunération de services à son ministère demandés par l'Individualisme, c'est-à-dire par les simples particuliers.

Quant aux membres sociaux frondeurs du payement des cultes par l'Etat ou Communauté, gens en infime minorité de tout temps, au reste, et plus que jamais aujourd'hui ; gens qui vont déclarant eux s'en bien passer, ils perdent ainsi tout motif de plainte à cet égard ; puisque la moitié librement fournie par l'Individualisme ne les oblige point, et, qu'en fournissant l'autre, la Communauté ne fait que disposer du sien. Dans cette dernière moitié d'ailleurs, entre pour une forte part, déjà, la jouissance gratuitement concédée des religieux édifices : propriété naturellement à la Commune ; car autrement à qui serait-elle, et comment s'en ferait, dans le temps, la légale transmission ?

En cas de pluralité, dans la commune nouvelle, des sacerdoces et des religieux édifices, à chaque sacerdoce est affectée, proportionnelle à l'importance numérique de ses adhérents, part d'édifices et d'émoluments communaux, et cela, le plus aisément du monde.

Nullement n'est besoin, en effet, d'aucun dénombrement de la population par confessionnelles catégories, puisqu'elle est toute entière représentée par son assemblée gouvernementale, dont chaque groupe, volontairement formé d'élus a, de droit, proportionnellement à sá numérique importance, part à la dispensation de ces affectations.

L'INFAILLIBLE ÉDIFICATION

Après avoir figuré la société nouvelle sous forme d'un immense édifice, et ses plus essentiels appareils de fonctionnement, sous formes de colonnes de soutien, j'estime qu'un devoir m'incombe encore : c'est, en vue de hâter aussi salutaire édification en y inspirant confiance, d'indiquer sur quoi, principalement, j'en fais reposer la certitude.

Eh bien ! cette certitude, la source où surtout je la puise, c'est dans l'etude si profondément sympathique, et si particulièrement prolongée, qu'il m'a été donné de faire de ma chère patrie.

Voilà soixante-dix-neuf ans que m'en porte le sol sacré, et soixante-dix que je le foule avec amour ; car, descendant d'ardents patriotes, c'est tout enfant que j'en appris à chérir la France.

Inappréciables dons du Ciel, qu'une telle place de choix pour mon berceau, et que de tels guides pour la première étape de ma vie, qui servit au reste de constante orientation !

Ainsi, grâce à Dieu, c'est depuis mes premiers jours que, jusqu'à ces derniers temps, ma longue vie s'est écoulée, au milieu des miens, dans une atmosphère brûlante de sentiments philanthropiques, et de démocratiques aspirations. Oh ! parmi mes proches, quel type de vrai démocrate, quel prodigieux ami du peuple j'aurais à signaler, tel que des myriades de familles, toutes ensemble, un seul ne fourniraient pas !

Pour moi, sans avoir l'orgueil de me comparer en rien

au grand mort que tant de milliers d'yeux ont à l'envi pleuré, qu'il me soit permis d'affirmer ici, m'être évertué sans trêve à marcher, de mon mieux, sur ses augustes traces: déclaration sincère, et non pour satisfaction d'amour-propre, mais dans le seul but de faire bien savoir au peuple qui lui parle et le prie, à titre d'ardent et vieil ami, d'écouter et méditer ses mûrs et consciencieux conseils.

Oui, je me complais dans cette flatteuse espérance, que dussent mêmes jugements que les miens, sur la France et lui-même, avoir été tous au peuple déjà portés par les voix les plus éclatantes, les miens n'en seront pas moins utilement à lui soumis; et cela, parce qu'ils sont d'un ami dévoué jusqu'à la mort, et d'un vieillard détaché de tout personnel intérêt, comme sans descendance et si près de la tombe.

Le peuple saura comprendre que celui qui n'a vécu si longtemps que pour lui, au point d'avoir été nommé le père des ouvriers par ceux de sa région, le père des pauvres par ceux de sa bourgade, ne saurait manquer d'avoir mûrement étudié les intérêts populaires, et par son amour inspiré, par son amour conduit, d'avoir trouvé moyen de les dégager, enfin, du ténébreux labyrinthe des vieilles institutions sociales.

Bientôt le peuple, abusé d'abord par ses faux prophètes, bruyants prometteurs d'impossibles transformations sociales, une fois mis en présence de sérieusement conçues, saura nettement distinguer le vrai du faux, et remiser tant de systèmes, dont le plus grand défaut, pour chacun, est d'être incomplet.

Le peuple comprendra, dès lors, que tout plan de société tronquée, ne s'appliquant qu'à l'organisation d'une classe ou catégorie de membres sociaux, ne mérite même pas, de sa part, la faveur d'un coup d'œil. Trop pourvu d'esprit pratique pour vouloir l'application simultanée de toutes les innovations d'un système, au moins voudra-t-il que, simultanément, l'application de chacune soit généralisée.

Quant au droit naturel, quant au droit absolu que possède chaque génération humaine, de disposer à son gré du Globe et de tout ce qu'il renferme, comme d'organiser elle-même et toutes choses à son gré, sans être moralement tenue d'aucun engagement pris par la génération disparue, c'est là ce qui s'impose à l'esprit comme le *nec plus ultra* de l'évidence. De même aussi, logiquement, en est-il pour tout peuple non soumis aux lois d'une Puissance supérieure, comme doit être, un jour, l'Universelle Union.

Un peuple est un fleuve qui coule
Dans le lit de l'éternité.
Sa vie est comme un pont où roule
Chaque âge à travers emporté.
Le flot qui suit, au flot qui passe,
Sans fin succède et ne doit rien.
De l'âge enfui le droit trépasse :
L'oubli l'enterre et c'est un bien.

Mais si la génération existante, dans un État de tout autre indépendant, ne peut être moralement tenue d'aucune obligation léguée par la génération qui n'est plus, il en est tout autrement de celles qui lui sont imposées par les lois mêmes de la nature sociale.

Ces lois naturelles de la société humaine sont toutes résumées dans la célèbre formule : Le salut du peuple est la loi suprême. L'être collectif qu'est la société humaine n'a pas, plus que l'homme lui-même, le droit de se suicider, quel que puisse être le mode d'exécution du crime. Se conserver et se développer sont, pour la société, des obligations aussi sacrées que pour l'homme.

Eh ! non moins que s'il se poignardait, n'est-il l'auteur de son trépas, le désespéré qui, volontairement, se tient au milieu saturé d'un gaz qui l'asphyxie ? Et n'est-ce de même un suicide, plus lent sans doute, mais combien de fois plus monstrueux, que celui qu'est entrain d'oser perpétrer la France, obstinée à demeurer emprisonnée dans un vieil et pestilentiel édifice social, pour y dépérir et bientôt en faire son tombeau ?

Cet édifice de honte et de malheur, le nom sinistre qu'il a jusqu'ici porté, nom fait pour épouvanter l'Histoire, celui de centralisation, ou d'étouffoir de la vie nationale, de la vie de la France à moitié déjà suffoquée ; ce nom maudit, si de ses infernales syllabes, il devait longtemps encore faire frissonner l'avenir, Dieu sait à quelle fabrique abominable de monstres il servirait d'enseigne !

C'est que ce fléau de la centralisation est de ceux que chaque jour, à outrance, voit étendre leur cercle de désolation. De lui, chaque jour apporte au peuple son malheur. Le peuple jamais, à domination de l'espèce, ne dut un avantage, qu'accompagné ou suivi d'un bien autre préjudice, hélas !

En vain les gouvernements croulent les uns sur les autres, les régimes sur les régimes, royauté sur empire, république sur royauté, empire sur république, ruines sur ruines, sans qu'un seul débris, du moindre choc, atteigne jamais l'intangible centralisation, et sans que, de la masse populaire, le faix des maux n'en soit jamais qu'alourdi.

O comme je les revois, du haut de mes soixante-dix-neuf ans, tristement défiler dans ma mémoire, tous ces régimes élevés comme des sauveurs, encensés comme des idoles, puis renversés, tour à tour, sous successifs et mêmes torrents de malédictions populaires !

Tous je les revois passer, avec leurs armes parricides, toutes encore du peuple français dégouttantes, bain sacrilège, où pour comble d'horreur, les plus trempées même furent les républicaines ! Mais ces armes si cruellement, hélas ! plongées au cœur de compatriotes, l'étaient presque sans exception au commandement des Parlements, impitoyables toujours, et surtout sous les républiques, plus affranchis qu'ils sont là de tout frein.

Je l'ai connu, ce gouvernement du roi-bourgeois, porc à l'engrais dont l'auge a fait tant de repus. Je l'ai lue seize ans, sa devise en cinq syllabes : *Enrichissez-vous !* J'ai pu constater qu'elle ne s'adressait qu'aux riches, cette inscription de face, sur médaille où, pour les travailleurs menaçante, s'offrait une autre au revers ; et cette horreur, la voici : Pour tentative de hausse de salaires, entre deux ouvriers concertée, *amende et 3 ans de fers !* Sur mer de ventres creux, grasse écume de pansus : le voilà, le régime de l'enrichissez-vous, enfin tombé vaincu dans le sang du peuple, dans sa lutte sacrilège pour le maintenir paria, comme, de l'Anglais, la France sous le talon.

J'ai vu la République, deuxième du nom, et l'ai saluée, Dieu sait avec quels transports, comme devant ouvrir, de tous sociaux progrès, l'ère combien grandiose ! Mais, ô déception amère ! qui l'eût pu croire, qu'un aussi beau régime, si plein de sublimes promesses, allât si tôt dépérir, et si misérablement succomber ?

Qu'il était bien de géant, ce pas vers la Démocratie, que triomphant de la Royauté, le peuple venait de faire faire à la République, par l'héroïque intronisation du suffrage à tous Français majeurs ! Qu'importe que pour le mieux exalter, ce suffrage, incommensurable prix de la victoire populaire, on l'ait honoré d'un titre plus grand que nature, en le qualifiant d'universel : titre qu'il n'aura vraiment mérité qu'au jour immortel qui le doit voir à tous membres sociaux étendu ?

Mais, ô malheur ! comme un larron au coin d'un bois, l'attendait pour la voler, cette souveraineté populaire, un

Parlement à tout faire : un Parlement d'enfantement majoritard, et qui, mis en plein exercice d'un pouvoir sans bornes, grisé de vertige devant l'abîme béant de son absolutisme, tombe des sublimes hauteurs de sentiments naturels à l'humanité, dans les bas instincts de la brute.

Hélas ! les plus héroïques fondateurs de la plus noble et fière des dominations de la Terre, celle de l'universalité des classes d'un grand peuple, qu'en a-t-on fait, ô Dieux ! Qu'en a fait la sanguinaire folie d'un monstre furieux, d'un Parlement saoûlé d'omnipotence ?

O journées funèbres de Juin, journées de fratricides hécatombes, quelle saignée là pour la France ! O du plus pur de ses veines, que de sanglants torrents là répandus ! Quelle source d'héroïsmes et de sacrifices sublimes, ô France, pour toi là tarie !

Car ils ne vous ressemblaient pas, ô Parlementaires ; ce n'étaient pas des bandits que les infortunés menés par vous, en victimes, à l'abominable abattoir. Ce n'étaient pas des corrompus, que ces cent-cinquante mille vaillants des ateliers nationaux, eux dont la consigne fut toujours : « Mort aux voleurs ! » Ce n'étaient pas des félons, que ce demi-million de braves, eux, volontaires appelés et soldats commandés, sous le traître prétexte de sauver la République, par l'extermination de ses vrais fondateurs !

Après l'avoir fondée, en la cimentant de leur généreux sang, cette République à tous, victimes de la crise qui suivit, restés sans ouvrage, ces travailleurs en acceptaient, en attendant reprise, à quart de prix, à trente sous par jour, de fourni par l'État ! Trente sous par jour dans Paris ! à peine de quoi ne pas mourir ! Mais voilà quatre mois d'endurance déjà. Tout l'annonce, les travaux vont reprendre : deux mois encore de ce supplice, et voilà sauvés, dans ces travailleurs parisiens, les créateurs de la République pour tous, et dignes de bénédictions éternelles.

Leur paye n'est qu'une usuraire avance, tant c'est presque pour rien qu'ils travaillent : et Dieu sait s'il en manqua jamais à faire, des travaux publics dans Paris. Moins de dix millions à placer là, si fructueusement encore, et c'est de la plus normale allure, que va marcher la France républicaine.

Mais de cris féroces, ô Ciel, d'où vient cette tempête, qui d'épouvante a glacé tout Paris ? Un millier de fauves l'auraient-ils envahi ? Ah plût à Dieu que ce ne fussent que les hôtes rugissants du Sahara ! Mais, faits pour des carnages plus atroces cent fois, ce sont des Parlementaires, qui, contre cent-cinquante mille Français, vont ainsi hurlant la mort, la mort par la faim, la plus cruelle des morts !

Ils vont voter la dissolution des ateliers nationaux, et l'expulsion de ses ouvriers : l'expulsion cruelle, brutale, totale, simultanée de cette masse énorme de malheureux, ainsi sans le sou, sans ouvrage et sans pain, impitoyablement jetés à râler sur le pavé de Paris.

Écoutez-le plutôt, cet influent majoritard du Parlement bourreau, durant le vote du crime, pressant d'y prendre part un général qui s'y refuse avec horreur : « Si, si, Be-« deau ; il faut voter cette dissolution. Tu comprends, le « peuple ne la permettra pas ; il descendra dans la rue, et, « avec l'armée, nous l'écraserons! » Bedeau, qui rapporte ces mots d'un camarade civil, dit qu'il en frissonna. Il ne vota pas contre le peuple, mais fut tenu d'y marcher, la mort dans l'âme, pour y recevoir une cruelle blessure. Mais Daru l'eut, son écrasement du peuple de Paris, en attendant qu'il eût la joie, plus grande encore, de se signaler dans l'écrasement du peuple français tout entier, par la mutilation du suffrage universel.

De cette mutilation sacrilège, qui perdit la République et nous infligea l'Empire, mon deuil, alors, se peignait dans ces vers :

> Quand Daru, Thiers et Parlement complice
> Ont immolé le vote universel,
> Il m'a semblé partager son supplice,
> Et recevoir au cœur le coup mortel.

Mais des deux républiques parlementaires, par moi-même avec tant d'écœurement subies, la première, malgré ses affreux attentats, ne devait être et ne fut, au peuple, que la moins funeste encore ; puisque le Parlementarisme, de la centralisation flanqué, ne peut être que le règne de la péjoration, autrement dit du mal en pis agissant à jamais. Aussi, la plupart de tant de maux que chaque jour aggrave, lui étant commune avec les régimes qui la suivent, attendons, pour en dire un mot, d'avoir jeté, sur chacun de ces pires en pires successeurs, un rapide coup d'œil, dans ce qu'il nous ont apporté, particulièrement, de sociale dissolution.

Ainsi le Parlementarisme de la seconde République, après avoir partagé, de la souveraineté populaire conquise par la Révolution, l'exercice permanent en deux périodes alternantes, dont une de trois ans pour lui-même et l'autre d'un jour pour le peuple ; après s'être, d'un cœur léger, baigné aux torrents sanglants d'une guerre fratricide ;

après avoir, par la mutilation du suffrage, au tiers du peuple ravi jusqu'à son jour de souveraineté sur mille ; après avoir barbarement maintenu les lois draconiennes contre toute entente pour hausse de salaires ; après avoir souillé de sa félonie jusqu'à la forme républicaine même, cette matrice unique et sacrée de la Démocratie, il l'a faite écraser, ce Parlementarisme à jamais maudit, sous le sanglant talon d'un César !

L'Empire ! qui peut faire qu'encore, plus que le précédent, son règne ait été pour la patrie désastreux ? Pour deux raisons majeures : c'est qu'il est venu après, et qu'il a plus longtemps duré. C'est qu'en vertu de la loi de péjoration, qui bien est celle de notre vieille société parvenue à certain degré de développement, il n'en pouvait autrement advenir. Gouvernée par des anges, elle n'en eût pas moins de mal en pis marché grand train ; par des sages, plus vite encore ; par des fous, d'un train d'enfer, et c'est, hélas ! ce que j'ai vu ?

Comme le Parlementarisme qui l'a précédé, l'Empire aussi commence par une abomination : par se baigner dans le sang de la France, sang qui, cette fois au lieu d'une mer, s'il ne forma qu'un vaste lac, n'en contint pas moins d'horreurs.

D'un forfait pareil, la grandeur n'eut d'égale, que l'indulgence de la masse populaire, heureuse, en somme, de l'écrasement de cette hydre parlementaire aux mille têtes maudites, lui sifflant à l'envi la haine, la menace et le mépris. Au peuple, d'ailleurs, l'Empereur n'avait-il rendu son suffrage universel, par une assemblée maudite, à moitié mutilé ?

L'Empire n'en fut pas moins, pour la France toujours, triplement un fléau : fléau pour la virilité de la race, frappée dans son élite ; fléau pour le gros de la population, frappé dans la classe ouvrière ; fléau pour le corps politique entier, frappé dans sa démocratique capacité.

La race, ce collectif être humain, non moins que l'homme lui-même, ne vit qu'en lutte incessante contre les causes en train de la détruire ; la race, non plus, n'y résiste que par la vigueur de ses fibres musculaires, qui, pour elle est bien la mâle énergie de ses hommes d'action, cette milice de l'ethnique idéal.

D'idéal affamés, ardents à sa poursuite, ils entretiennent, par une marche incessante vers le progrès social, un mouvement salubre dans la masse populaire, empêchée ainsi de se corrompre, comme par les vagues la mer. Ils sont le sel de la Terre, fait pour l'incorruptibilité des flots humains, comme pour celle de l'Océan sa salure.

Oh! quand donc l'Histoire, d'une voix de tonnerre, le fera-t-elle entendre, que le plus terriblement expié des forfaits, pour un peuple, ce serait la destruction de ses possédés de l'amour sacré du social progrès, si l'empêchement à d'autres de se produire, en se prolongeant, ne méritait châtiment plus épouvantable encore! Qu'elle éclate donc en malédictions contre cet Empire, monstrueux criminel, qui faucha si belle moisson du champ fécond de l'idéal, et, pour si longtemps, en stérilisa le semence!

L'idéal populaire en politique, cette conception sublime des nobles causes à défendre, qu'en a fait cet éternel batailleur de second Empire, sinon en bottes du premier, que piteusement il singe, de courir, à tous coins du Globe, l'étouffer dans le sang français, indignement répandu? Car pas une de ses sinistres équipées n'eut pour excuse une provocation ; et pas une qui, loin d'hosannas, n'ait mérité des sifflets, pour un profond abaissement moral de la France.

Ainsi, notre généreux sang, qui jamais n'eût dû couler que pour la Patrie ou l'Humanité, qui donc à flots, par delà le Bosphore, et le verse et pour qui ? Qui ! un ancien constable de Londres ! Pour qui ! pour Albion, laquelle, dirait-on bien, bâton de policier au lieu de sceptre impérial en main, mène le malheureux chasser, de l'étendue des mers, cette place publique des nations, tout un grand demiquart du genre humain, dans le Russe en paria traité ! Quel idéal, ô France, au prix de tant de tes enfants atteint !

Mais ce n'est point d'opprobre assez, et la Chine à la ravager l'appelle encore, par voix britannique toujours, en châtiment de son refus, enfin, de s'empoisonner plus longtemps, pour faire vendre à l'Anglais son léthifère opium. Va là conquérir, plus glorieux que les lauriers d'Omar, en complice d'incendie destructeur de chefs-d'œuvre, valant dix fois Paris ! Cours allumer ainsi là le flambeau de la civilisation !

Puis, du drapeau français, ainsi trop peu profané sans doute, qu'en revient faire en Italie l'Empire ? L'emblème d'un politique idéal, d'une entreprise humanitaire, pour la fondation d'un grand peuple ? Non, mais l'enseigne d'un ambulant abattoir, fait d'une armée pour tueries quelconques. Là, pour que soit l'Italie, l'on fait boucherie de l'Autriche ; puis de l'Italie, pour qu'elle ne soit pas. L'Empereur s'amuse.

Gaëte mieux encore en fait foi. Ce refuge de Pie IX, prétendait-il l'empêcher d'être pris ? Non ; puisque, prenable et par terre et par mer, lui ne le défendait que de ce dernier côté. Mais, par mer, la prise avait lieu sans coup férir, quand elle exigeait, par terre, un an de siège et trente mille victimes. Immolation inutile et barbare, crient en protestant les Puissances, mais en vain ! Que font d'étrangers ces hécatombes, à qui, de gaîté de cœur, tant en offrit des siens !

Arrière à toute lâche sensiblerie, et béni qui verse le sang pour défendre le droit, l'honneur et l'humanité ! Mais qu'allait faire au Mexique l'Empire ? Asservir un peuple libre, et noyer dans son sang une République, pour en faire émerger un Empereur forgé de main de neveu, comme de main d'oncle jadis des rois ? Non ; mais pour y recevoir le mieux mérité, le plus humiliant des châtiments, chassé, comme un tremblant esclave, sous la menace et la verge levée des Etats-Unis, eux dont le malheureux osait rêver l'écrasement par l'esclavagisme. Quel idéal, ou plutôt, quelle aspiration sacrilège, et trop contagieuse, hélas ! à la dégradation de l'humanité ! O France, quel aliment pour tes âmes ? Cette prétendue *grande pensée du règne*, de bassesse écœurante, est-ce de cette moelle qu'on nourrit les lions ?

Qu'il soit maudit cet Empire de malheur, cet étouffoir de mâles esprits, fait pour la dégénérescence de la mieux douée des races humaines : maudit pour ce qu'a fait la brute, maudit pour ce qu'à faire, l'idiot n'a su comprendre !

La brute qui, pour jeter les premières assises de l'italienne unité, n'hésita pas devant les horreurs de la guerre, la voilà faisant soudain place à l'idiot, qui s'en épouvante, alors qu'il s'agit de refaire l'unité française. A l'aspect, dans sa pensée, du Rhin à nous offert par qui, comme allié, nous en valait la foudroyante conquête, le voilà pris comme d'un accès d'hydrophobie, et n'en pouvant plus, qu'avec horreur, envisager les eaux !

Pour éclairer son phénoménal idiotisme sur la puissance, incomparable alors, de l'armement et de l'organisation militaire de la Prusse, rien n'avait pu suffire, rien : ni la prise au vol de l'imprenable Duppel ; ni le jugement dans la Presse éclatant comme un roulement de tonnerre, et porté sur cette puissance par un général fameux, l'italien Lamarmora.

Par l'Italie, en quête de la meilleure organisation pour son armée à créer, envoyé visiter toutes celles d'Europe, Lamarmora revint en disant, et la Presse en retentit : « J'ai vu des soldats partout, et d'armée nulle part, sauf en Prusse, où s'en trouve une si merveilleusement organisée, que je la croirais presque capable de lutter seule, contre toutes les européennes ensemble. »

La Russie n'aurait qu'avec satisfaction vu la France, partageant l'agrandissement de la Prusse, faire à l'Allemagne unie contrepoids. L'Autriche perdait ses provinces allemandes ; tandis que France refaite et Allemagne prussifiée, au sortir ensemble d'une foudroyante victoire, nombraient la première cinquante et la seconde soixante millions d'âmes, ainsi presque égales en force et rivalisant d'amitié.

Dieux ! qu'elle était belle, ô France, l'occasion que tes heureux destins, alors, offraient au vaste déploiement de ta puissance ! Que de siècles, le plus souvent pour un peuple, vont l'un sur l'autre tombant, avant que pareille lui vienne un jour sourire !

Mais quel aveuglement, pareil à celui de cet archi-bas Empire, est-il venu jamais stupéfier l'Histoire ? L'Autriche, ce ramas d'Ethniques ragotons, il la prise au-dessus d'une puissance de race compacte, d'un mâle patriotisme animée, et dont il rêve déjà partager les dépouilles ! Mais si sa déception est si terriblement destructive de ses folles espérances, que ne l'est-elle aussi de l'incommensurable profondeur de sa cécité, qui droit nous mène à l'abîme !

En vain l'Allemagne victorieuse vient lui exposer, sous les yeux, à temps pour en fondre, le foudroyant canon qui doit nous détruire : lui n'en veut pas. Il préfère se préparer, au duel géant, par aller au Mexique, épuiser nos armes, nous forger dans l'échec, et tremper dans la honte des épées de Bazaine ! Puis, ô comble de démence ! à l'Allemagne, qui, le sachant hostile et brûlant de s'en venger, hésite d'encourir, de l'Humanité contre l'agresseur, l'accablante réprobation, il l'épargne et l'assume, pour se ruer tête baissée dans un abîme insondable de désastres, sans armes, sans munitions, sans soldats et sans mémoire, oubliant qu'il n'avait fallu pour vaincre l'Autriche, par lui deuxième, à peine en trois mois vaincue, que huit jours à la Prusse.

Ainsi périt le monstre, dans une suprême immolation de la France, une suprême effusion du plus héroïque de son sang, et, du reste de ses mâles caractères, un suprême écrasement.

Mais ce n'est pas seulement à la tête, dans les énergies de ses âmes d'élite ; c'est en plein corps, dans les lamentables conditions d'existence faites à la classe ouvrière, qu'il n'a cessé de porter, à la nation, les plus mortelles atteintes. Car, cette malheureuse classe ouvrière, son adoratrice et sa victime, c'est surtout par l'Empire qu'elle fut, à torrents, poussée dans cet incessant et fatal exode des champs aux grandes cités, pour y si misérablement dépérir, en proie au triple fléau du manque de travail, du travail pour rien, et de la prostitution obligée pour vivre.

Oh ! dans quel abîme de maux ne l'a-t-il submergée, ce léthifère Empire, la faculté, aux travailleurs octroyée, de se réunir et s'entendre, pour la commune défense de leurs communs intérêts !

Atteint de la folie furieuse des urbaines reconstructions, c'est en frénétique qu'il se rue sur Paris, pour entier l'abattre et le refaire à neuf. C'est à tel point que, du nom de Haussmann, son architecte, on dit Paris haussmanisé. Mais à cette débordante rage de bâtir à outrance, la Capitale ne peut suffire, et c'est à toutes les grandes cités qu'elle court aussi s'attaquer.

O Paris et vous, grands centres urbains, si vite, hélas ! faits si beaux ! ô féeriques déroulements de prodiges des arts ! ô de merveilles infinies, inextricables labyrinthes, vous me faites frémir, vous dont chacun, dans ses flancs, cache un dévorant Minotaure, non plus moitié homme et moitié taureau, mais moitié famine et moitié corruption !

Ainsi que tout, il est bon d'embellir les cités : mais non, à ce propos, de les subitement engloutir sous de roulantes avalanches de travailleurs accourus, ainsi qu'autres Pompéi sous laves de Vésuves. Avec combien moins de désordre, ô Ciel, ne s'exécutent mêmes embellissements, non plus en ouragan poussés, mais plus lents et continus, par des ouvriers sur les lieux à demeure, là fixés ou venus se fixer, avec leurs familles, et les mœurs salutaires du foyer domestique !

Mais, pris pour celui de la Fortune, hélas ! au fébrile appel d'urbains travaux immenses et soudains, qui donc, pour y voler, se hâte de déserter champs, hameaux et bourgades ? Ce sont ceux aux plus commodes et prompts déplacements, tous célibataires et jeunes presque tous, rêvant de salaires, gros à payer de trop pernicieux plaisirs. En plus lamentables torrents encore, suivent les jeunes filles, à leur perte roulant : infortunées dont une part, par faiblesse se livrent, et trouvant moyen de vivre à moitié de volontaire prostitution, défendent mal et font baisser le prix du travail pour toutes : et de presque toutes, bientôt, la faim a eu raison, ou de la vie, ou de la vertu. Qu'on songe au navrant tableau qu'en a tracé Jules Simon dans son *Ouvrière* !

L'archi-fou bâtisseur de logements princiers, l'Empire, bourreau qu'encensent ses victimes, quelle place au peuple fait-il dans son incommensurable édification de palais ! Ah! du luxe fou de ses habitations, toutes pour crésus, le prix fou des loyers l'en fait chasser, impitoyablement, jusque du moindre des appartements, la classe ouvrière, forcée d'aller s'encaquer, et, suffoquée, s'étioler sous les combles. Là, la nuit, après le jour dans les ateliers et fabriques, l'air lui manque et le reste l'empoisonne. Pauvre classe ouvrière, assiégée par la faim, condamnée, pour si grande part, par la famine à la débauche ; pour si grande part, le corps rongé, le sang pourri, et faite pour ne revivre, à jamais, qu'en postérité de pitoyables crétins, écoutez la donc encore acclamer l'Empire :

O crève-cœur ! ce qu'il lui reste de souffle, à la malheureuse, oui, c'est encore, presque toute entière, pour crier : Vive l'Empereur ! Tels, chez les Romains, les gladiateurs dans le cirque, à périr condamnés, criaient aux Nérons : Ils te saluent, ô César, ceux qui vont mourir ! Tant il n'est, du peuple, pour se faire acclamer si haut, que les tyrans qui l'ont fait descendre si bas !

Aussi le crime des crimes est-il, pour l'Empereur capitulard de Sedan, d'avoir frappé, presque à mort, le Peuple Français dans sa capacité démocratique, dans son aptitude à se gouverner lui-même, dans son esprit public, en un mot, plus mutilé qu'eunuque, et plus impuissant.

Impuissance inouïe dans l'Histoire, pour l'incommensurable étendue, que celle de l'opinion publique sous l'Empire. Jamais ne l'ont comprise, ni ne la comprendront, ceux qui ne l'ont pas subie au beau milieu du gros du peuple alors, amoureux fou de l'ogre qui le tenait sous un mystérieux charme, tout en lui étouffant l'âme et dévorant et corrompant la chair.

Pour le gros du peuple, en tout il avait toujours incontestablement raison : toutes fautes, à l'avance, étaient pardonnées, ou plutôt repoussée jusqu'à l'idée qu'il en pût jamais faire : et tenait du délire l'enchantement d'être, par lui, délivré de ces assemblées souveraines ou Parlements, dont le fol esprit sectaire n'a jamais su mériter que haine et mépris publics.

Il avait l'Armée, dont le faisait adorer sa légende grandiose, et qu'on n'avait pas encore privée du droit de défendre, au scrutin, le Drapeau pour lequel elle a le devoir de mourir.

Il avait la Presse, qu'il savait arroser : et presque sans écho, dans la masse populaire, demeuraient les feuilles d'opposition, dont les critiques s'allaient perdre au milieu des dythirambes. Ni l'immense et volcanique verve de Hugo, ni l'incomparable esprit de Rochefort n'avaient ensemble mieux pu faire tête à l'engouement populaire.

Il avait l'Eglise, dont si bien, partout, ses armes défendaient la cause.

Il avait la Franc-Maçonnerie, dont il était, et la plus audacieuse incitante au Coup d'Etat qui fit l'Empire.

Il avait les Juifs, dont ses emprunts de guerre faisaient épanouir l'opulence.

Il avait propriétaires et fermiers, dont chevaux et bétail trouvaient un si fructueux débouché dans ses tueries humaines.

Aussi, les élections aux Chambres étaient-elles faites par lui, presque sans la moindre opposition. Etre candidat de l'Empereur, c'était être sûr élu déjà. Les farceurs criant à l'escamotage de votes, ne pouvaient que provoquer la risée, tout le monde sachant trop combien il eût été inutile, quand, des cinq sixièmes des votants, chacun eût voulu voter des deux mains pour le candidat de l'Empereur. Qui ne se souvient que, longtemps, parmi les députés, cinq furent toute l'opposition : que, jusqu'à la fin elle fut minime, et que M. Thiers, même après la honte du Mexique, pour s'être déclaré contre la guerre voulue par l'Empereur, faillit être, par le peuple, brûlé vif dans sa maison ?

Non, mille fois non, jamais despote funeste autant à sa patrie, ne fut d'elle autant voulu ; et que par là l'on juge à quelle profondeur de perversion d'esprit et d'abaissement moral, il eut l'art infernal de précipiter la France.

Il est vrai que la centralisation, cette boîte de Pandore contenant tous les maux, et qui, perfectionnée, en est inépuisable, à lui passée, les épanchait d'elle-même, et qu'il n'eut besoin, pour nous en submerger, que d'en activer l'affreux débordement : boîte cent fois maudite, qui, des griffes sanglantes d'un dragon, allait repasser, bientôt, aux sanglants replis de pire hydre parlementaire.

Oui, plus que l'Empire encore fatale à la France, que dût être infailliblement la troisième République, c'est là le comble de l'évidence. Venue après, l'attendait le fléau de la péjoration, ce coureur de mal en pis éternel, autrement dit le léthifère système de l'asphyxiante centralisation : et, de plus le parlementarisme, ou, des régimes gouvernementaux connus, le plus pernicieux.

Pour se défendre contre un déluge d'envahisseurs, si l'Empire, à sa tête, ne lui laissait sur la frontière qu'un traître, combien pire encore elle y mit à Paris, la malheureuse ! Combien en forfaits, sur Bazaine l'emporta son Trochu, ce roi des capitulards, qui, fort d'un demi-million de braves, armés jusqu'aux dents et fous de combats, les tint inactifs cinq longs mois asssiégés !

Eh ! quelle boucherie, depuis des siècles, avait égalé l'étendue et l'atrocité de l'immense massacre de prisonniers français, après la défaite de la Commune à Paris ? Aux fusillades sur tant de milliers de malheureux mis au mur par la troupe, écœurée et lasse de tueries, ne vit-on substituées, trois longs jours durant, les décharges de mitrailleuses ? Ne vit-on, à pleines cours rassemblées, les tristes victimes hachées par la mitraille, et leurs lambeaux informes, à pleins charriots de sang dégouttants, portés pourrir en tas sans sépulture ? Tels étaient les ordres implacables du Parlement bourreau, et que n'exécutait qu'en frémissant l'Armée, où, rares autant qu'en la Nature les monstres, étaient les Galliffet.

Ces égarés par l'exaspération de la fin d'une lutte que, avec Rossel, ils voulaient continuer contre la Prusse, que de plus donc leur aurait-on pu faire, si, brigands, ils avaient volé les milliards de la Banque de France, intacte par eux gardée, pillé les richesses et violé les femmes de Paris ? Quelle férocité de tigre dans ce parlementarisme, qui, plus tard, devait être si tendre aux bandits du Panama !

Mais, sous ce Parlementarisme, depuis l'Empire encore, quel chemin parcouru, par le moral du peuple, dans sa progressive décadence ? Si, sous l'Empire, par fatal engouement pour lui, le peuple approuvait tout : sous le Parlementarisme, c'est par affaissement qu'à celui-ci le Peuple tout abandonne. Sous l'un, il était esclave volontaire, et sous l'autre il est esclave désespéré. Du premier, il se croyait sûr d'être écouté, s'il lui voulait exprimer un désir ; de l'autre, il est convaincu que son vœu n'obtiendrait que superbe dédain. Comme Dieu, lui-même tout-puissant, mais plus haut, le Parlement n'est point accessible aux prières : et, créé par le Peuple pour lui commander, il croirait lui manquer que de lui obéir.

Sauf deux dons, depuis trente-trois ans, qu'a de lui reçu la France, que préjudices et hontes ? Et ces dons, la liberté de la Presse et l'extension de l'enseignement public, ne les a-t-il donc pollués, le premier par l'achat de la presse à prix d'or, le second par l'étranglement de l'enseignement libre ! La liberté de la Presse, d'ailleurs, n'essaie-t-il aussi d'étrangler le peu qu'il en reste invendu, par la substitution au Jury de ses mercenaires en judicature ?

Eh ! qu'oserai-je dire de son fisc, moi qui veux progressivement accru, dans l'avenir le moins lointain possible, le revenu public égal à tous les privés ensemble ? Eh bien, c'est sans le moindre embarras que je réponds : Je veux cela comme une loi de la nature sociale elle-même, mais sociale et démocratique : sinon non, mille fois non. Du moment où le peuple n'est pas seul et permanent maître souverain de lui-même et de sa caisse : du moment que, de cette caisse publique, les neuf dixièmes environ du contenu ne sont pas entre les propres mains de ses communes agrandies, le peuple ne saurait prodiguer sans folie ses deniers à ses gouvernants absolus, à tête unique, ou multiple, perpétuels ou à temps, surtout à ces derniers, de tous les plus dévora ts.

La Démocratie fonctionnante exige de gros revenus publics, pour faire participer, dans une juste mesure, tous ses membres au commun bien-être. Mais sous des gouvernants comme ceux que depuis bientôt quatre-vingts ans je vois, l'impôt peut quadrupler et l'a fait, sans amener rien de tel. Fi donc ! ils ne s'occupent pas de ces misères-là. Qu'on leur quadruple encore les subsides, si c'était possible, et l'on va voir, dans la société, en haut débordement d'opulence, pauvreté gagnant le centre, et même, absolument même, dénûment en bas.

Quant à tous ses crimes, à ce Parlementarisme vomi pour l'abomination de la désolation, c'est par tous ses actes qu'il les faudrait nombrer, et plus de pages que de mots dans cet opuscule n'y suffiraient pas. Même innombrables sont ceux qui font et feront, pour peu qu'ils durent, de la France une chiourme, et bientôt un néant.

L'honneur, ce gardien par excellence de la vie nationale, et plus précieux que cette vie même, ne l'a-t-il piétiné par la mise à l'encan de ses nobles insignes ? Le drapeau, cette France même symbolisée, de qui le veut dans l'ordure planté, n'a-t-il fait ses amis les plus chers ? De la loque rouge du sans-patrie, et noire de l'anarchiste, ne le condamne-t-il à l'opprobre de marcher escorté ! A Kiel, Fachoda, Mascate et Siam, en attendant Terre-Neuve et l'Algérie, ne l'a-t-il assez traîné dans tous les sentiers de la honte !

Ce Parlementarisme de malheur, du bagne à l'apothéose, pour tenter de pousser un traître juif, mondial protégé d'Israël, n'a-t-il tenu clouée la France, trois ans durant, au pilori de l'Univers ? Puis, n'a-t-il, en Dreyfus gracié, déchaîné la trahison, en attendant qu'il la réhabilite et l'encense !

N'a-t-il pris, pour règle de sa politique infâme, la plus propre à mener, à la plus monstrueuse perversion morale, le plus vite et le plus droit la France, l'opportunisme ? Ainsi, faut-il soutenir le vrai ou le faux, le bien ou le mal ! C'est, selon lui, indifféremment l'un ou l'autre, selon qu'il est opportun ! Faut-il appliquer les lois ou les laisser dormir, louer aujourd'hui ce que hier on blâmait ? Questions d'opportunité. Aussi, ce Parlementarisme éhonté, après avoir, à Loubet, infligé la plus solennelle des flétrissures, n'a-t-il, au bout de peu de temps, l'effronterie de le proclamer l'homme le plus digne de présider la France ? D'opportunités, quel accouplement !

N'a-t-il, de longtemps, mutilé le suffrage universel, en chassant les militaires, comme des parias, des urnes que leur ouvrait l'Empire ? A la Politique, s'il leur fait fermer les scrutins, leur ouvrir grand les casernes pour salons de lecture, ne laisse-t-il l'Anarchie ?

D'un demi-million de voix non à vendre ainsi débarrassé, ne s'en assure-t-il sept cent mille d'asservies, en triplant les fonctionnaires sous sa verge tremblants ? Ne les force-t-il de lui en gagner autant par leur propagande, d'un tel Argus si terriblement surveillée ? Autant encore ne sont-elles tenues de lui en fournir, les familles de ces budgétivores, d'elles rendus solidaires, pour leur maintien ou surcroît de part de curée ? Dans le fonctionnarisme ainsi, tels qu'esclaves à la chaine, à l'urne ne mène-t-il plus de deux millions d'électeurs, plus d'un quart des votants, plus de la moitié des voulus pour vaincre ?

Qu'à cela l'on joigne l'électorale clientèle immense des postulants d'emplois et de faveurs ; les mendiants de bureaux divers, de subventions et secours, de palmes académiques, de poireaux d'agriculture, de croix d'honneur jadis, etc. ; et qu'on se demande si cette incommensurable masse de léthifères suffrages, violemment entrainée en hurlant cyclone, par un Parlementarisme enragé, pourra trouver jamais d'efficace résistance.

Il le faut pourtant, ô France ; il le faut ou périr, et bientôt, tant va vite grandissant l'action du double fléau qui t'étouffe : le Parlementarisme et la Centralisation. Vois pulluler les satisfaits qui aiment en vivre, tant qui l'espèrent, et tant qui, pour se dispenser de te secourir, s'y déclarent impuissants, ou s'aveuglent sur la gravité de tes maux.

Mais comment te sortir de ton étouffoir, quand la majorité des suffrages, sans laquelle on ne peut rien, échappe aux patriotes ! C'est en les poussant vite à l'audacieusement reconquérir; et cela, surtout et avant tout, par un énergique et brûlant appel à l'armée.

On tient là, du corps électoral amputés, plus d'un demi-million d'électeurs, emmuselés comme des fauves, et dont pas un sur cent n'est pour votation démuselé. Votants sous l'Empire, votants sous la seconde République, en quoi donc ont-ils mérité d'être, en masse, frappés d'indignité ? Libres d'intérêts personnels, amis du juste, et patriotes comme la jeunesse, qu'ils soient, par leurs suffrages reconquis, le salut de la France ! Eux et nous, n'ayons qu'un cri : Plus dans l'armée, de parias ! plus d'électeurs eunuques ! plus de citoyens de carton ! Par le peuple soutenue, à l'armée rebondissant sous l'outrage pour fièrement revendiquer ses droits, qui donc oserait résister ? Que l'armée se redresse, et, de toute sa hauteur, ainsi fera la Patrie !

La Patrie ! tandis qu'il en est pour nous une encore, ah ! supplions-là donc, jusqu'à s'il faut, avec larmes de sang, de ne pas s'abandonner à la mort ; mais, à notre appel suprême, se relevant terrible, de se ruer à l'extermination de ses destructeurs : le Parlementarisme et la Centralisation. Qu'anéantis soient-ils, le premier par une Constitution vraiment démocratique, balayant, impitoyablement, omnipotentes assemblées comme extra-annuels mandats ; la seconde par la géante création de communes-cantons, au plus haut point puissantes, et, tant se peut-il autonomes.

O cours implacable des choses ! Si de ces deux formidables fléaux, devait durer l'action dévorante, que deviendrions-nous, ô Dieux ! Avant cent ans, une race de rachitiques ; avant six, une autre Pologne. O race superbe des enfants de la Gaule, quelle lamentable dégénérescence ! O grande nation dont quarante siècles, du haut des Pyramides, ont contemplé les Héros, quelle fin !

Que la France ouvre enfin les yeux pour voir dans quel état l'ont mise, jusqu'à physiquement, ses personnels et collectifs gouvernements absolus ! N'est-ce celui d'un dépérissement inouï, tellement qu'il va jusqu'à la dépopulation, cette exterminatrice inexorable de la race à longs jours. Quoi de plus alarmant, pour l'avenir de la France, que l'accroissement journalier du lugubre fléau, si bien autrement ne l'étaient encore, et la nature et l'accroissement des multiples et sinistres causes auxquelles il est dû.

Qu'à l'instar de la guerre, ne font-elles que détruire du peuple une part, au lieu de presque entier l'empoisonner encore ces causes, plus que peste pour lui destructives ? Pour un tiers des familles de travailleurs aujourd'hui, des trois quarts demain, les urbains, étouffement en logements insalubres, étroits comme des tombes ; respiration de morbifiques exalaisons en ateliers et fabriques sans aération ; empoisonnement des malades à l'hôpital par la fièvre de ce nom, là comme harengs en caque entassés ; travail journalier de quinze heures par les ouvrières à domicile, pour gain de demi-vie ; exténuation des femmes par journalier travail forcé, douze heures et plus dans les fabriques, et des enfants (horreur !) par un d'onze ; crétinisation là des enfants dans le sein des mères, et consommée par un allaitement funeste aux avortons ; suffocation des enfants encaqués, des six à huit heures par jour dans des écoles de villes et de campagnes, en cela rivalisant ; impuissance pécunière d'assumer charge de famille, livrant tant de forcément célibataires à la contagion d'amours empoisonnés ; même célibat forcé chez cinq cent mille militaires, avec mêmes conséquences ; même célibat forcé, toujours avec mêmes funestes suites, chez trois cent mille jeunes fonctionnaires, dont, pour les mieux déraciner du foyer domestique, on fait des ambulants, mais trop pauvres encore pour avoir, comme bohémiens, roulotte à voiturer famille ; tentatives d'avortement par travailleuses pour presque rien, prostitués pour vivre, et restées fécondes en demi-mort-nés pour l'infirmité : inanitions terribles par longs et fréquents chômages, détruisant les organes et saturant de germes de mort le sang des affamés ; inanitions de momentanément infirmes, privés du droit de mendier, comme du droit à l'Assistance Publique, trois fois même moins dotée que l'anglaise, et donnant, quand elle donne, comme on ferait un grain de mil à l'éléphant affamé : telles sont entre autre les sources, terriblement grandissantes, des virus dont notre race va s'infectant.

Qu'importe si le progrès médical fait deux fois plus guérir, quand la vieille société, dix fois plus, empoisonne et tue ! Qu'importe que quelque peu la vie moyenne s'allonge ? Le crétin peut survivre à l'athlète : et d'enfants, créatures les plus décimées par la mort, chez nous, ne naît-il trop peu, pour en beaucoup mourir ? Hélas ! ce ne sont pas des centenaires, qui sauraient repeupler la France, ni moins encore la défendre.

Oh ! quels hâbleurs ne font-ils, les meneurs du peuple de nos jours, avec leur emphatique apothéose du Progrès ? Oui, progrès dans les choses servant à l'Humanité ; mais, dans l'Humanité même, corruption, décadence ! Pour l'embellir dans ses atours, on la vicie dans sa nature. Presque entière lancée dans la lice immense des concurrences ventre à terre, telle qu'en champ de course, une trombe de coursiers sous cravaches de jockeys, qu'à lutter ensemble de vitesse de production, elle vole donc, crever tous ses peuples, sous la verge levée de ses capitalistes sans âme ! Des produits de l'incommensurable travail humain, couvrit-elle le Globe jusqu'à la hauteur des cieux, qu'il ne s'y trouverait pas, en utiles au peuple, la moitié du nécessaire à ses modestes besoins ; ni, pour ses exploiteurs, en superflus, la moitié des rêvés par leurs incommensurables convoitises ! !

Que le travailleur peine ses huit heures par jour, et le nécessaire et l'honnête superflu s'en contenteront volontiers ; quant au luxe effréné, les vingt-quatre entières ne lui suffiraient pas, y joignit-on, du patient, et la peau et les os.

Mais pour sortir de ses travaux à outrance, ou plutôt à la crève, que faut-il, sinon que la France et le Monde se dégagent de la triple étreinte de trois puissances contre eux conjurées, dont une secte et deux races. Toutes les trois, race anglaise, race juive et franc-maçonnerie sont universelles, hélas ! et de la terrible triplice, cette universalité : voilà de Samson sa chevelure. Quoique moins sensible, l'universalité de la race anglaise est la plus réelle, comme puissance souveraine en tant de lieux, dominante en tant d'autres, et partout influente : parce que partout elle compte là, comme ses propres et sûrs agents, tous les habitants anglais, juifs et francs-maçons. De l'Humanité, l'Angleterre est la pieuvre, juifs et francs-maçons, ses tentacules !

Juif et Franc-maçon, politiquement, de tout temps n'ont fait qu'un, et depuis combien longues années, qu'un avec l'Angleterre ? O comme ont bien saisi les instincts de brute dans la race anglaise, ceux qui l'ont voulue de juive descendance ! L'immense égoïsme de race, prêt, tout entière et sans remords, pour le moindre intérêt anglais, à saccager l'Humanité : le voilà le monstre effrayant de hideur ! O peuple Anglais, quel regret j'ai de t'avoir si peu connu d'abord, au point de te chanter !

Où donc, contre tout autre sang que le sien, ne s'est signalée la férocité de ton engeance entière ? Comme il en est rempli, de l'amour de l'Humanité, ce peuple Américain, ton fils, qui tire à l'homme sauvage comme à la bête ; lynche le nègre, le chasse de ses wagons, de ses temples, et, pour avoir touché la main d'un noir, menaçait naguère son Président de destitution !

Que Dieu nous garde de l'universel et complet Empire rêvé par l'Angleterre et ses deux complices ! Puissent plutôt, et je l'espère, songer les nations à conjurer pareil déluge de calamités, insondables, comme inextricables à jamais ; songer à former entre elles une alliance d'abord, et bientôt une confédération, en attendant l'immortelle fondation de l'Union Universelle, où, même à l'Angleterre, il sera fait place ! Puisse servir, de cette Race sans entrailles, le fléau sans bornes, à l'enfantement ainsi d'un bien sans mesure !

Qu'avec l'Anglais soit poli qui doit l'être, mais sans nous jeter dans ses bras, où nous serions étouffés !

Que notre devise soit :

Russophiles d'abord, Allemands plutôt qu'Anglais, et morts plutôt qu'Allemands !

Parlement dictateur

D'un Parlement, loi vivante et suprême,
Maître absolu, maître à l'instar de Dieu,
L'éloge impie est lui seul un blasphème,
Qui crie au Peuple : « A tes droits, dis adieu ! »
Un Parlement, sous sa toute-puissance,
Ravale l'homme au rang de l'animal,
Et des fléaux le premier par essence,
Porte en ses flancs tous les germes du mal.

Le Parlement, potentat mandataire,
Dit l'inventeur, dit l'Anglais sans façon,
A tous pouvoirs, hormis celui de faire
De garçon fille et de fille garçon.
De dictature ô comble ! On te salue,
O tyran monstre, omnipotent congrès !
Le bon plaisir de ton hydre absolue
De l'arbitraire épuise les degrés !

Peuple, le droit de t'élire des maîtres,
Ce droit-bourreau, faucheur de tous tes droits,
Tient lieu de tout, osent prôner les traîtres,
A t'enchaîner de tes mains trop adroits.
La loi des lois, mais des lois l'ossature,
Peuple, à toi seul d'en être l'artisan :
Législateur de ta Législature,
Sois, de ton règne à toi seul, partisan.

Le Peuple constituant

Va, constituant fais-toi ;
Çà, Peuple, vite en besogne,
Pour sauver, autre Pologne,
La France au dernier aboi.
Vois menaçante et hagarde,
Du glaive main sur la garde,
L'Europe qui la regarde
Et convoite en la huant.
Quand du cri : qu'on la démembre!
N'ont souci Sénat ni Chambre,
Va, fais toi constituant.

Va, constituant fais-toi,
Quand ici même une horde
Emprunte à Judas sa corde
Pour t'en étrangler, je voi.
De la tourbe ici vomie,
A l'étrangère ennemie,
De te livrer l'infamie
Malgré tout continuant,
Seul de taille à t'en défendre,
C'est à toi de l'entreprendre,
Va, fais-toi constituant.

Va, constituant fais-toi,
Quand tels les sphinx que nous fîmes,
A nous s'ouvraient comme abîmes,
Où l'œil plonge avec effroi.
A l'homme, insondable à l'homme,
De tout se démettre en somme,
Est-il rien au monde comme
Pour la raison d'effrayant ?
Pour garder ton libre arbitre,
Et d'être moral ton titre,
Va, fais-toi constituant.

Va, constituant fais-toi :
Qui nirait ta compétence,
En lois que la conscience
A l'homme enseigne de soi?
Le peuple a de ces lois-mères,
Des conceptions plus claires
Que grands esprits à chimères
Qui vont les enténébrant.
De ton bon sens dans le monde
D'airain qu'en table on les coule !
Va, fais-toi constituant.

Va, constituant fais-toi,
Et sous nom d'électorale,
Comme ultra-fondamentale
Enfante des lois la loi,
Sans quoi, crois-en l'axiome,
Tout ce que les droits l'on nomme,
Ne devient qu'un pur fantôme
Dont l'essence est le néant.
De qui la fait à ta place,
Pour couper court à l'audace,
Va, fais-toi constituant.

Va, constituant fais-toi,
Dans le plus restreint des cycles,
Pour nous voter par articles,
Un Statut de bon aloi.
Au peuple heureux qui l'enfante,
Quantité bien suffisante,
D'articles voter cinquante,
Point n'est œuvre de Titan.
Quand d'autant listes semblables
Ont bien fait des *honorables*,
Va, fais-toi constituant.

Va, constituant fais-toi :
Mieux que par l'éclat des armes,
Des libertés par les charmes
Fais briller un peuple-roi.
D'Institutions si belles,
Ah ! dote-nous, qu'éternelles,
Elles servent de modèles
Au Monde éternellement.
De la défaite à la gloire,
D'un bond étonnant l'Histoire,
Va, fais-toi constituant.

Va, constituant fais-toi,
Et que de ton œuvre apôtre,
Chaque siècle en prêche à l'autre
La grandeur avec émoi !
Des nations la première,
Leur oracle, leur lumière,
France que la Terre entière
Allait reine proclamant,
Qu'ouvre, à ta gloire infinie,
Sa grande aile le Génie
D'un peuple constituant !

———

A L'Empire Français

Relève-toi, haut à toucher les astres,
Sois l'édifice aux colossaux piliers !
Que tes cantons soient ces géants pilastres,
Dont tout dressés s'offrent là trois milliers !
Sur ce granit de blocs à base immense,
De ta grandeur assois l'Eternité :
Digne de lui, qu'ainsi puisse la France,
Fournir du Monde un centre à l'Unité !

La France brave la haine et les menaces d'Albion

Voyez, la tête altière et la face hagarde,
Nous toiser du regard la perfide Albion.
De s'en épouvanter, que la France se garde,
Mais la sache vouée à sa destruction !

C'est le jour et la nuit, que nous et l'Angleterre,
Elle a soif d'injustice, et nous c'est d'équité.
Son rêve est d'asservir et d'exploiter la Terre ;
Le nôtre, d'y semer vertus et liberté.

Sa haine nous poursuit, écumant de menace,
Et, des peuples mourants, au premier rang nous place,
Nous croyant par la peur marqués pour le trépas.

Trop ses lourds cuirassés exaltent son audace :
Suez est sa corde au cou, la Manche est une passe
D'un saut de loup de mer, et l'Irlande à deux pas !

L'Angleterre défrancise la France

Arrière, Albion qui défrancises la France,
Qui vas faisant de nous les singes des Anglais,
A tes mœurs, à tes goûts, d'or à ta soif immense,
Ainsi que bœufs au joug, tête basse attelés.

Mortelle à nos vertus, nous perd ton influence,
Ton souffle d'appétits d'impur lucre affolés,
Récusant les devoirs pour but à l'existence,
Et hurlant : Pour la vie, au combat seul volez.

Plus un terme, chez nous, n'enrichit l'idiome,
Qui ne soit du spleen sombre un emprunt au royaume,
Extrait de tou jargon, ton baragouin, ton « cant ! »

De toi nous est sorti, ce qu'on peut dire comme
Un sordide excrément, que Parlement on nomme,
Ou double pétaudière à l'immonde boucan.

———

France et Russie

Arrière, affreux combats, bombes, boulets, mitrailles :
La France et la Russie intronisent la Paix !
Nos bords ne seront plus des champs de funérailles,
De morts et de mourants couverts de tas épais.

C'est entre elles l'amour qui les tient aux entrailles
Prisonnières d'un pacte adoré pour jamais.
Le Droit, sous leur puissance, abritant nos murailles,
Des fureurs des assauts les défend désormais.

L'Équité, dans ses flancs, qu'un mâle accord féconde,
Couve en hâte des jours de repos pour le Monde,
Qui feront refleurir nos moissons sur le Rhin.

La Justice, en vertu de ses lois éternelles,
Pour faire ouvrir aux Csars Bosphore et Dardanelles,
Déjà prend sa balance et son sceptre d'airain.

———